汉语最长名词短语识别研究

钱小飞 著

上海大学出版社

图书在版编目(CIP)数据

汉语最长名词短语识别研究／钱小飞著．—上海：
上海大学出版社，2022.12
ISBN 978-7-5671-4654-9

Ⅰ.①汉… Ⅱ.①钱… Ⅲ.①汉语-名词-短语-识别-研究　Ⅳ.①H146

中国版本图书馆 CIP 数据核字(2022)第 243985 号

责任编辑　黄晓彦
助理编辑　颜颖颖
封面设计　缪炎栩

汉语最长名词短语识别研究

钱小飞　著
上海大学出版社出版发行
（上海市上大路 99 号　邮政编码 200444）
(http://www.shupress.cn　发行热线 021-66135112)
出版人：戴骏豪

＊

江苏句容排印厂印刷　各地新华书店经销
开本 890mm×1240mm　1/32　印张 7.25　字数 196 000
2023 年 1 月第 1 版　2023 年 1 月第 1 次印刷
ISBN 978-7-5671-4654-9/H・414　定价：48.00 元

版权所有　侵权必究
如发现本书有印装质量问题请与印刷厂质量科联系
联系电话：0511-87871135

前　言

　　人类语言具有结构性，最明显的体现是句法结构。理解语言离不开对句法结构的分析。因此，自动句法分析作为自然语言处理的基础性工作，是通往语言理解的基石，很多复杂的自然语言处理任务都需要建立在一定程度的句法分析基础之上。

　　相较于自动分词和词性标注，句法分析有更大的难度，特别是对于缺乏形态变化的汉语而言，分析效果往往不及英语等具有屈折变化形式的语言。由于完全句法分析正确率较低，并且语言的底层存在较多歧义，20世纪90年代以后，句法分析工作一定程度上转向了浅层分析。浅层句法分析不要求直接分析出完整的句法树，而是要识别句子中某些结构相对简单的语块，以及分析它们之间的依附关系。这样做一方面有助于消解底层歧义，最终通过语块间的关系建构和语块内的结构分析实现完全句法分析；另一方面，识别出句子中的语块可以直接满足很多自然语言处理应用的需求。

　　浅层句法分析重点关注两类语块，一类是基本块，一类是名词短语。基本块是结构简单的非交叠连续块，包括基本动词块、基本名词块、基本形容词块等多种类型。而名词短语的内部结构较为复杂，其识别工作是语言信息处理的难点，也是浅层句法分析持续关注的内容。

　　自然语言处理研究认为两种名词短语有重要价值，一种是基本名词短语，一种是最长名词短语。相比较而言，后者不仅长度大，所含成分与结构也更复杂多样。作为名词短语的一种动态类型，汉语最长名词短语占据了一半以上的句长比例，识别出它们就可以快速地掌握句子的基本骨架,不仅有助于完全句法分析,也对机器翻译、信息抽取等多种任务具有很高的应用价值。

最长名词短语识别工作虽然取得了一定的进展,但距离令人满意的效果还有不小的差距,从而对各种应用系统的支持也受到限制。目前主流的最长名词短语识别方法是统计机器学习方法,通过词语位置分类和序列标注实现短语识别,大大提高了正确率和召回率,但也遇到了增长瓶颈。打破这一瓶颈,需要我们深入研究最长名词短语的结构和分布规律,提出新的识别策略、方法和有效特征。

本书从理论定义、分布描写、识别方法等角度对最长名词短语识别工作进行系统的探讨。首先,通过层次构造、长度约束、名词性认定和外延范围的认定,界定了一种新的多层级最长名词短语。其次,从句法功能、句法结构和线性特征等角度细致地描写最长名词短语的分布规律,分析了其复杂性构造和识别难点问题。最后,基于分布规律制定合适的识别策略和方法,选取有效的识别特征,并分类进行识别实验。

本书的特色可以概括为三大方面:

一是概念界定的独特性。面向句法语义分析,更新了最长名词短语的定义,使其能够覆盖更多的名词性论元。

二是研究工作的系统性。不仅关注识别方法改进,也重视对象本体研究,基于大规模树库对最长名词短语的分布规律和复杂性构造进行深入描写分析。不仅注重实验数据的提高,也重视实验结果的分析和反思。

三是研究方法的新颖性。将语言描写、特征发掘和识别分析紧密结合,提出了三种识别方法:基于基本名词短语归约的方法、基于语言知识评价的系统集成,以及基于统计机器学习的分层识别与基本名词块提升的相结合方法,提高了表层最长名词短语的识别效果,较好地识别了内层最长名词短语。

最长名词短语识别不是中文信息处理的热点问题,但却是重要的应用基础研究,不仅具有应用价值,也有一定的理论意义。从认知科学的角度看,人们必须首先识别和理解言语中的实体和概念,才能很好地理解文本,而这些实体和概念大多是由名词短语所描述的。所以,最长名词短语的识别过程一定程度上也应该是对人类识别名词短语过程的模拟。有鉴于此,我们不仅注重提高识别效果,也注重从理论角度描写最长名词短语的分布和构造特征,使用心理学关于记忆机制的研究关照识别任务;同时,根据描写结果制定识别策略和方法,选取统计机器学习的输入特征,并尝试从语言学理据上给予一定的解释。

由于时间和水平的限制,本书存在不足之处,敬请读者批评指正。

作　者
2022 年 10 月 1 日

目 录

第一章 面向应用的最长名词短语研究 ……………… 1
- 第一节 汉语自动句法分析的难点问题 …………… 1
- 第二节 多视域下的最长名词短语研究 …………… 3
- 第三节 最长名词短语研究的方法与资源 ………… 8
- 第四节 本书的主要内容与特色 …………………… 11

第二章 名词短语识别的相关研究综述 ……………… 14
- 第一节 名词短语研究 ……………………………… 14
- 第二节 组块分析研究 ……………………………… 29
- 第三节 搭配获取研究 ……………………………… 42

第三章 理论基础与最长名词短语的界定 …………… 46
- 第一节 汉语短语的分类框架 ……………………… 46
- 第二节 语言组块理论 ……………………………… 51
- 第三节 最长名词短语的界定 ……………………… 61

第四章 最长名词短语的分布调查与分析 …………… 75
- 第一节 最长名词短语的抽取 ……………………… 75
- 第二节 句法功能与外部邻接 ……………………… 78
- 第三节 句法结构与内部构成 ……………………… 87
- 第四节 复杂性与 MNP 构造 ……………………… 102
- 第五节 识别策略的确定 …………………………… 110

第五章 表层最长名词短语的识别 …………………… 112
- 第一节 统计机器学习模型及其选用 ……………… 112
- 第二节 基于基本名词短语归约的识别 …………… 122

第三节　基于分类器集成的识别……………………………… 153
第六章　内层最长名词短语的识别…………………………………… 178
　　第一节　层级构造……………………………………………… 179
　　第二节　识别难点分析………………………………………… 180
　　第三节　识别策略的确定……………………………………… 181
　　第四节　多层级的 iMNP 识别………………………………… 182
　　第五节　基于规则的修正……………………………………… 188
第七章　最长名词短语识别工作的反思与展望……………………… 194
　　第一节　研究工作的反思……………………………………… 194
　　第二节　进一步的研究计划…………………………………… 198
参考文献…………………………………………………………………… 201
附录………………………………………………………………………… 214
　　附录1　清华汉语树库（TCT）词类标记集………………… 214
　　附录2　清华汉语树库（TCT）句法功能标记集…………… 216
　　附录3　清华汉语树库（TCT）句法结构标记集…………… 216
　　附录4　CRF 特征模板………………………………………… 218
　　附录5　动词配价词典示例…………………………………… 220
　　附录6　基本名词短语提升规则……………………………… 222

第一章
面向应用的最长名词短语研究

第一节 汉语自动句法分析的难点问题

自动句法分析是中文信息处理领域诸多应用技术的基础,如机器翻译、人机对话系统等。但完全句法分析技术在处理大规模真实语料时遇到了较大的困难。按照 PARSE-VAL 评测体系,目前英语句法分析的 F 值可达 90% 以上,汉语则徘徊在 80% 左右(李帅克等,2022)。这一体系基于短语进行评价,若按照句子的完整结构和关系进行评价,则又要低很多。可以说,在今天词法分析已经能够基本达到应用要求的情况下,句法分析技术已经成为制约中文信息处理技术发展的瓶颈。

20 世纪 90 年代中后期,国内引进英语浅层句法分析的思想,展开了组块识别与分析研究。由于底层句法歧义在很大程度上影响了句法分析的效果,浅层句法分析主张从识别句子中某些简单的组块开始,在充分化解底层歧义的基础上,逐步完成句法分析的任务。它把一个句子的完整分析过程划分为三个部分,即组块识别、组块间依存关系的识别以及组块内部的结构分析,并着力于组块的识别和内部结构分析。浅层句法分析的思想是句法分析技术的进步,特别适合用于分析缺乏形态变化、底层歧义较多的汉语句子,成为汉语句法分析技术的重要发展趋势。

国际上,浅层句法分析任务经历了单一短语的识别、覆盖较广的组块识别、结构复杂的小句识别等发展阶段,而国内研究多集中在基本块,特别是简单名词短语的识别分析取得了较多的成果;较为复杂的语块,如功能块、复杂名词短语识别也受到了一定的关注,但分析效果还有进一步提升的空间。

在浅层句法分析的研究过程中,名词短语引起了研究者的特别关注。一方面,名词短语编码了实体和概念,这些实体和概念是理解文本的基础;另一方面,名词短语承担着句子中的论元角色,也是语义关系分析的基础。

自然语言处理研究者对名词短语进行了新的分类,提出两种具有较高处理价值的名词短语,一种是基本名词短语,一种是最长名词短语。相比较而言,最长名词短语的内部结构复杂多样,既有较为简单的名词短语,也包含类似英语定语从句的范畴,识别和分析的难度更大。

近20年来,随着统计方法加入,最长名词短语识别任务取得了较大的进展,统计机器学习模型逐步成为主要方法。但是,也面临着研究的瓶颈。面对一种较为复杂的句法结构,以往的研究(王月颖,2007;代翠等,2008)在机器学习策略上并没有太大区别;影响机器学习的诸多因素并不清楚,对于不同结构的识别表现不甚明了,如何分析这些因素,针对这些因素制定合理的识别策略,都是值得深入探讨的问题。

显然,结构复杂的最长名词短语识别需要语言学知识的支持。然而,在本体语言学研究中,语法研究的重点是动词,名词重在语义研究。因此,汉语动词短语的句法研究取得了丰硕的成果,名词短语的相关研究却相对较少,主要集中在静态结构的描写以及定语语序等理论研究方面,而动态结构构造规律和分布状况还没有得到充分描写。譬如,"的"是汉语中出现频率最高的词,也是语法研究的热点问题。几乎所有的词类和句法结构都能够进入含"的"名词短语,这些结构是如何嵌套的,主体模式是什么,分布比例如何,本体语言学很少从这一角度展开描写,但是其是名词短语识别的重要参考数据。

一方面,这与传统的本体语言学偏重语言结构的研究取向相关。言语结构的研究服务于语言结构的研究,因此,它往往关注名词短语的静态构造规律,而较少涉及动态实现形式的个性类别,如最长名词短语。事实上,动态角度的描写不仅是语言研究的重要方面,同时也有利于进一步的语言规律的归纳。

另一方面,动态结构的描写需要大量标注语料库的支持,这些语料获取不易。所幸的是,近30年来,随着中文信息处理技术的发展,汉语语料库建设发展迅速,出现了规模较大、加工较深的共享语料库,如宾州中文树库(CTB)、清华汉语树库(TCT),这使得我们有机会对名词短语的动态结构进行全面的描写,准确地掌握其结构与分布规律,以支持名词短语的信息处理工作。

在此背景下,我们选择识别最长名词短语作为研究课题。目标是在大规模句法标注语料库的支持下,掌握其内部结构、分布规律和形式特征,并制定合理的识别策略和识别方法,在分词和词性标注文本上识别出最长名词短语。

第二节　多视域下的最长名词短语研究

无论从本体语言学的支持,还是自然语言处理的研究现状看,最长名词短语识别工作都遇到了一定的困难和挑战。但是,从不同的视角反观最长名词短语研究,它都向我们展示了很高的应用价值。

一、本体语言学视角

根据语言类型学的考证,几乎所有自然语言中都存在名词和动词。但从研究现状看,名词研究无论是广度还是深度都滞后于动词研究,而相对于语义研究,有关名词的句法研究仍然显得薄弱。

在汉语语言学界,名词短语的意义研究包括名词的语义分类、定中结构的语义关系分析、名词的槽关系系统构建等,取得了较多成果。而句法研究则相对较少,缺乏系统性,主要关注一些具有理论意义的特殊结构和问题,如"N 的 V"结构与性质归属(周国光,2007)、"的"的性质和作用(石毓智,2000)、光杆名词短语(董秀芳,2010)、定语语序问题(张敏,1998)等。这些研究以人的理解为基点,侧重于语言中的特殊现象,以此关照语言理论的解释力或构建新的理论。从研究方法上看,它们多侧重于内省式的静态短语类型探讨,致力于充分发掘专家知识描写语言现象,归纳语言规律,但也受到研究者个体主观因素的限制,一些小颗粒度的内容常常难以进入研究视野。

随着计算语言学的发展,研究者发现在本体语言学领域研究得较少的名词短语,尤其是其句法处理,反而成为自然语言处理的难点,以人的理解为起点,侧重特殊语言现象的研究远远不能满足自然语言处理的需要。计算机在分析名词短语,理解真实文本的过程中遭遇了更多的歧义,即使是在人看来最普通的问题,对于计算机而言都可显得歧义重重。这为本体语言学研究提出了新的课题。

因此,从自然语言处理的角度研究最长名词短语,不仅可以为名词短语识别和分析提供语言学知识的支持,同时也扩充了本体语言学的研究视角。我们以大规模真实语料为基础,分析描写最长名词短语的线性特征、结构模式和句法表现,调查它在实际语料中的分布特征,可以从一个侧面勾勒汉语名词短语的动态分布概貌,有助于促进名词短语的句法研究,使我们对名词短语有更为深入的了解。在最长名词短语识别的基础上,还可以实现基于大规模语料库的检索,为语言学家的研究提供真实语料和统计数据支持,将定性研究和定量分析结合起来。

二、中文信息处理视角

中文信息处理已经走过字处理和词处理的阶段,这两方面的研究成果基本可以达到应用水平;但随着网络技术的发展和社会交流的扩大,人们越来越依赖于信息技术从纷繁芜杂的语言数据中发掘自己想要的知识,成熟高效的信息检索、机器翻译、人机对话等系统成为当今世界的迫切需求,简单的词语层面的处理已经不能满足这些发展需要,它们至少需要句法层面知识的参与。其中,名词短语反映了人们对于世界实体的认识,无论在人们的语言系统、概念系统,还是应用系统中都有着十分重要的地位。具体来说,最长名词短语识别在自然语言处理,特别是中文信息处理的以下四个方面有着重要的应用价值:

1. 句法语义分析(Syntactic and Semantic Parsing)

最长名词短语是名词短语与其他短语类型共同组织句子时的一种动态实现形式,常常勾勒了论元位置上实体概念的最大句法实现范围,在语言中分布广泛。

从内部结构看,最长名词短语具有较强的结构包孕能力,特别是"的"前定语允许各种句法结构的相互套叠,几乎涉及汉语所有的词类和句法结构,它的识别可以较为广泛地实现不同层次不同类型的句法单位的捆绑,从而有效地消解一些复杂的低层级句法歧义。

从句法功能看,典型的最长名词短语主要位于主语和宾语位置上,并且覆盖了大部分主宾语位置,因此如果能够正确地识别出句子中所有的最长名词短语,我们就可以基本掌握句子的骨架结构,从而快速地构建出句法树或句法森林。

从句法语义看,本书所定义的最长名词短语不仅包括了典型的名词短语,还包括具有一定实体性的时间短语、处所短语,基本覆盖了汉语句子中的常见题元,因而可以为进一步句法语义处理,如动词次范畴框架识别、动词词义排歧以及语义角色标注等提供有益的条件。

2. 机器翻译(Machine Translation)

机器翻译是自然语言处理最为复杂的领域之一。在翻译金字塔中,句法分析是重要环节。Seo(2001)、Doi(2003)等研究指出,机器翻译系统的译文质量对句子长度十分敏感。当句子的字长超过50时,很难得到正确的分析结果;超过80时,几乎所有的分析方法都无能为力(Kurohashi,1994)。解决该问题的一个可行办法是先识别句子中的短语,将长句的翻译转换为短句及短语的翻译,降低翻译难度。而根据我们的研究,最长名词短语具有很强的结构包含能力,以词数计,最长名词短语约覆盖了句子55%的长度。如果能够有效地识别出最长名词短语,将在一定程度上有助于提高译文质量。

从具体方法看,基于实例的机器翻译,特别是基于格语法的翻译系统对名词短语识别有着特别的青睐。其翻译变量模板通常反映句子或小句的结构组成,模板中的常量一般为句子或小句谓语成分,而变量则由命名实体或普通名词短语充当。因此,识别出句子中最长名词短语,可以方便地获得句子对应的句型模板;同时也能提供合适的翻译颗粒,并为基于格语法的翻译系统提供候选的论旨角色块。基于神经网络的机器翻译使用神经网络自动学习翻译知识,难以充分使用结构化的语言学知识指导翻译过程,并且神经网络使用固定维度的向量表示变化长度的句子,造成结构复杂的长句翻译效果不佳;引入最长名词短语识别,可以分治句子翻译和最长名词短语的翻译,有利于缓解神经机器翻译对句子长度敏感的问题,提高翻译效果(张学强等,2018)。

3. 信息抽取(Information Extraction)

信息抽取的主要功能是从领域文本中抽取出特定的事实信息。在信息抽取系统中,句法分析是一个关键步骤。当今信息抽取系统越来越多地采用部分分析技术。其中,特定的名词短语,如时间短语、地点短语、人名等和特定的动词短语,如事件描述、事实陈述的识别对于信息抽取具有重要意义。最长名词短语不仅在外延上包含了大部分目标名词短语,它的识别相对明确了名词短语与谓词的语法关系,为进一步建立属性-值关系提供了条件。值得一提的是,包含小句的最长名词短语有时也包含了丰富的目标信息,如下面的例子:

例1 [2007年8月15日],[[秘鲁伊卡省]发生的里氏7.5级地震]造成约[600人]死亡、[1200多人]受伤。①

---

① 例句来源于央视网新闻频道,网址:https://news.cctv.com/world/20090616/100283.shtml。

句子中地震发生的时间、地点、级别、伤亡人数等信息多由最长名词短语表达,其中含"的"的最长名词短语内部包含了地震发生的地点、级别等信息。

4. 指代消解(Coreferrence Resolution)

最长名词短语在语用处理层面也有重要应用,如在指代消解领域,它的识别可以有效降低指代项候选先行语的数目,从而发挥重要作用。

例2 与[西方/nS 中世纪 美术/n]不同,[中国/nS 的 菩萨/n]是[有人性/n 的 神/n],/,[他们/rN]仁爱 慈善,[肉体]丰满。

在确定名词短语之前,以名词作为可能的指称对象,句子中的"他们"有6个候选先行语:西方、美术、中国、菩萨、人性、神[①]。识别名词短语之后,候选先行语的数量降到了3个:美术、菩萨和神[②]。

可以看出,作为一项面向应用的基础性研究,最长名词短语的研究价值涉及句法、语义、语用等语言信息处理的多个层面。

三、国际中文教育视角

名词短语占据了句子的主要长度,其内部结构复杂,识别出名词短语,是正确理解句子的基础。从另一个方面说,句子中名词短语的长度和内部结构很大程度上决定了句子的复杂程度。

在国际汉语教学中,文本分级可以为学习者提供适合其学习水平的材料,也是教材编纂的重要工作。文本分级需要考虑诸多因素,如词语等级、词语意义、句子长度、语法结构等。在实际应用中,由于分词技术较为成熟,词语等级和句子长度等因素能够获得较为准确的结果,句法分析和语义分析技术的精确度相对较低,难以直接应用于文本分级工作。因此,准确识别出句子中的最长名词短语,可以为文本分级工作提供一定程度的句法知识支持。

---

① 句子中标注为名词 n 和地名 nS。
② 句子中以斜体标注的中心名词。

语块教学是国际汉语教学的有效方法。语块不但有助于提高语言表达的流利程度,还能帮助学习者克服母语负迁移,输出更地道的目的语。具有较高教学价值的汉语语块包括名词块、动词块、形容词块、框式结构等。最长名词短语识别能够帮助我们更准确地抽取名词语块、定中式动名搭配、述宾式动宾搭配、框式结构等多种语块,为语块教学提供丰富的资源。

第三节　最长名词短语研究的方法与资源

一、研究方法

1. 基于语料库的方法

自然语言处理研究早已不再满足于实验性的"玩具系统"(toy system),而是面向真实世界的大规模语言使用,基于语料库进行开发和测试已经成为事实上的金标准。

使用语料库面临的首要问题是选择公开语料库还是自建语料库。自建语料库语料选择范围较大,成本较低,但需要人工进行大量的数据标注。自建语料库一般不公开,由于语料样本的差异,基于自建语料库的研究成果往往难以复现,从而缺乏实验数据比较(参与学术评价)的基础。公开语料库的选择范围有限,特别是对句法分析及短语识别任务而言,需要有句法标注的语料库,有些语料库需要付费使用,但选定之后可以快速构建训练和测试样本,只需要进行人工校对和少量的数据校准。

由此而言,语料库的选择对研究的可重复性、社会影响力和研究效率有一定影响。本研究将选择国内公开句法标注语料库进行调查分析,通过随机抽样的方法获取训练和测试样本,以保证研究的可重复性。

2. 统计方法与规则方法

基于规则的方法和基于统计的方法是自然语言处理的两大范式。规则方法适合处理自然语言确定的一面,统计方法适合处理其不确定的一面。确定与不确定是指某个语言现象是否有作为充分条件的可用特征,是相对而言的[①]。对于复杂一点的自然语言处理任务,寻找完全确定的可用特征非常困难,往往需要多种语言学知识的参与。无论采用统计方法,还是规则方法,一个好的语言学特征能将确定性低的问题转化为确定性更高的问题,我们通过调查分析选择确定性高的语言特征。

统计方法与规则方法的另一个比较是标注语料库还是构建规则库。统计方法常采用训练-测试的模式。训练模型需要标注一定数量的训练语料,好处是系统可移植性好,对于新领域的相同任务,只需要重新标注一定数量的语料就可以胜任;缺点是稀疏数据会造成一定的精度损失,并且往往缺乏语言学解释。规则方法由语言学家基于语料库和内省的办法构造规则库,优势在于规则具有较好的概括性和可解释性,规则的使用灵活;缺点是颗粒度较小的知识难以概括全面,规则的竞争常常难以处理,规则维护需要花费较多人力。

统计方法和规则方法并不是对立的,一些统计方法其实是规则方法的进化(陈小荷,1999b)。将两者有效地结合起来,更好地服务于自然语言处理任务,已经成为一种共识。

统计方法和规则方法在最长名词短语识别任务中都是常用的方法,而以统计机器学习方法是主要方法。在统计机器学习模型出现研究瓶颈的情况下,如何融入规则方法提高识别效果是本研究的重要内容。

3. 基于知识的方法

20世纪70年代机器翻译领域提出基于知识的方法,通过建立

[①] 比如,最长名词短语多位于主语和宾语位置,导致左邻接词类主要是动词和介词,这些特征是可用特征,但还不是充分条件,因为这些词类之后并不一定是名词短语,如动词可以和补语组成动补结构。

本体知识库参与完成自然语言处理的任务。它所建立的知识库是非常宝贵的资源,常常与统计方法、规则方法相融合,处理比较复杂的语言问题。

与语料库资源相同,使用知识库优先选择公开资源,有利于研究的可重复性。名词短语的语义研究较为充分,国内公开的语义资源有《同义词词林扩展版》、HowNet 语义词典等。当公开资源不可获取或缺乏的时候,我们构建自己的语言知识库,如名词短语之间的句法组合规律,动词的配价知识等。自建语言知识库遵循两条基本原则,以保证研究的客观性和科学性:一是优先选用公共知识。公共知识是公开发表的语言学文献中的语言知识,是他者的智慧结晶。二是保持与测试语料的独立性。当需要使用语料库归纳细颗粒度的知识时,避免基于测试语料和针对测试语料获取知识。

二、语料与资源

在本书的研究过程中,我们使用到以下资源:

1. 语料库

使用了两种语料库:一是清华汉语树库(TCT, Tsinghua Chinese Treebank),是经过分词、词性标注、句法标注的高质量语料库,共计 100 万字,用于训练和测试。二是《北京青年报》2004 年生语料,是综合性媒体语料,共计 3500 万字,用于知识获取。本书所使用的标号例句,若无特殊标注,均来源于 TCT 树库[①];论述过程中所举例句,若使用清华汉语树库(TCT)词类标记集[②]标注,也来源于 TCT 树库。

2. 知识库

使用《哈工大信息检索研究室同义词词林扩展版》(简称《同义词词林扩展版》)进行词语的语义标注。《同义词词林扩展版》是面向自

---

① 清华大学周强老师为本研究提供了 TCT 树库,在此表示感谢。
② 该词类标记集见附录 1。

然语言处理的同义词知识资源,由哈尔滨工业大学信息检索研究室在梅加驹等编纂的语义词典《同义词词林》基础上修订和扩充而成,它参照多部电子词典资源,并按照《人民日报》语料库中词语的出现频度,只保留频度不低于3的部分词语,剔除14706个罕用词和非常用词,剩下39099个词条,并利用其他相关资源扩充词表至77343条。

3. 统计机器学习工具包

使用由日本松本实验室 Taku Kudo 博士开发的 CRF++ 和 Yamcha 工具包进行 MNP 识别实验。CRF++ 可以运行于 Windows 系统或 Linux 系统,Yamcha 软件包以 TinySVM 为内核,在 Linux 系统运行。

4. 自然语言处理工具包

使用中科院计算所 ICTCLAS(Institute of Computing Technology, Chinese Lexical Analysis System)对《北京青年报》生语料进行分词和词性标注。ICTCLAS 是由中科院计算所张华平博士开发的词法分析系统,能自动对中英文信息进行分词与词性标注,涵盖了中文分词、英文分词、词性标注、未登录词识别等功能,其分词和词性标注精度高,使用广泛,曾获得钱伟长中文信息处理科学技术奖一等奖。

第四节 本书的主要内容与特色

本书基于 TCT 树库对最长名词短语进行调查统计,描写其内部结构、句法功能和线性分布,归纳其形式特征和构造规律,并在模板理论的指导下,使用统计机器学习模型和基于规则的方法进行识别,研究在以下五个方面具有一定的成果和创新:

第一,提出句法级最长名词短语的概念及其界定方案。

指出典型最长名词短语是论元位置上实体范畴表达的完整句法

形式,并通过"名词短语"和"最长"两种因素逐步阐释它的覆盖范围。界定名词短语时,综合考虑了外部功能和内部结构,将名词短语、名词性短语、部分时间短语和处所短语都纳入了定义范畴;界定"最长"因素时,以句法层级为参照,定义了句法级最长名词短语,分为表层最长名词短语和内层最长名词短语。新定义的最长名词短语是按照句法位置特征划分出最长名词短语全集,具有功能上的一致性和分布的相似性,增加了句子中名词性论元的覆盖率,应用价值较高。它呈现出多层分布,但深度有限,分布倾向集中,在浅层层面上完全具有识别的可行性。

第二,对最长名词短语进行了系统性的描写和分析。

基于清华大学 TCT 语料库,从句法功能、外部邻接、句法结构、内部构成等角度详细考察最长名词短语的内外分布特征,分析了这些特征对于识别策略、识别方法、特征选择的影响和贡献;在此基础上定义了复杂性概念,总结了复杂最长名词短语的构造因素,分析了多组识别难点。

调查表明,最长名词短语具有较高的识别复杂度。从内部结构看,多数最长名词短语由定中结构和单词结构直接构造,但其内部可以包含所有句法结构类型,增加了识别难度;动词性成分、介词性成分以及结构标记是复杂最长名词短语的构造因素;同时,它是一种长距离依赖结构,对模型的观察视野提出了比较高的要求。从线性特征看,动词介词内含、边界处连续的动词介词分布、名词边界歧义、典型歧义结构是主要的识别难点。

最长名词短语也具备有助于识别的形式特征。从分布层级看,86%的最长名词短语分布在表层,造成表层最长名词短语边界处邻接特征显著。从内部结构看,复杂最长名词短语具有模板结构,有助于利用模板参与识别。从内部成分看,中心语位置上集中分布着大量的名词,有利于使用词汇搭配手段进行消歧;确指性是多词最长名词短语起始位置的重要特征,该位置上指称性成分对于最长名词短语有一定的预测作用。

根据最长名词短语的特征分析,我们确立了先识别表层最长名词短语,再识别内层结构的总体策略。

第三,提出了基于归约的表层最长名词短语识别方法。

以扩展块为关照点,提出从模板的视角观察表层最长名词短语的思路,设计了基于基本名词短语归约的识别方法,并基于统计机器学习模型识别了表层最长名词短语。

基本名词短语是一种内部结构简单,识别率较高的短语类型。它与最长名词短语存在着实现关系和包含关系。归约方法在识别基本名词短语的基础上,将其归约为语义中心,但保留句法特征,有效地扩展了统计机器模型(条件随机场)的观察视野,缓解了长距离依赖问题,提高了识别效果。

第四,提出了一种基于语言知识评价的分类器集成方法。

在统计机器学习模型识别基础上,引入词汇搭配知识、结构化知识,针对长距离依赖、边界歧义和结构歧义等识别难点,基于评价规则(词汇搭配规则、结构化规则和确定性规则)对不同分类器(条件随机场和支持向量机)的识别结果进行集成,进一步改善了表层最长名词短语的识别效果。

基于语言知识评价的集成方法可以更有针对性地处理结构化的语言问题,并且使得集成结果更具有可解释性。

第五,提出了多层级的内层最长名词短语识别方案。

针对内层最长名词短语分布倾向性明显、歧义结构较多,但结构长度小、包含大量的基本名词块的特点,针对性地设计了统计机器学习模型分层识别和基本名词块提升相结合的方法,较为有效地识别了多层级的内层最长名词短语,从而完整地实现了句法级最长名词短语的识别工作。

第二章
名词短语识别的相关研究综述

第一节　名词短语研究

本研究有两项主要工作：一是在本体层面对汉语最长名词短语进行统计调查、分析及一定程度的解释；二是研究大规模真实文本中汉语最长名词短语的识别问题。两者相互联系和支持，一方面，汉语信息处理由于其特殊的处理对象，离不开本体语言学知识的支持；另一方面，语言信息处理也对名词短语的本体研究提出了新的要求，扩展了其研究视野。

对于识别任务而言，语言学研究的指导意义在于两个方面：首先，为识别对象提供本体上的存在依据和区别依据；其次，为制定识别策略和展开识别任务提供知识支持。参照最长名词短语的识别任务，我们需要本体研究协助解决两个方面的问题：一是最长名词短语定义的理论依据；二是本体研究能为识别提供怎样的知识。下面我们回顾本体语言学研究在名词短语问题上的研究成果，并力图发掘其中可用的支持信息。

一、生成语法角度

在生成语法提出 DP(Determiner Phrase)理论之前，名词短语的分析普遍沿用结构主义分析法，语言学界乃至生成语法学界普遍认为,名词短语①的语法中心词是名词本身,实际上体现了短语结构的向心性特征。传统方法提供了有力的分析工具,但是,在处理英语动名词的句法特征和解释名词短语与句子的平行现象,如论元选择的平行性方面,存在局限。

例1　Did John upset you？
例2　Did John's building a spaceship upset you？
例3　John built a spaceship.

例2中,由于动名词 building 出现在普通名词的位置上,只能分析为普通名词,而忽视其动词特征,如为"a spaceship"的赋格能力;或者分析为动词,并作为名词短语的中心,从而违背了向心性原则。

为了解决这样的问题,Abney(1987)在其博士论文中提出了有关名词短语的句法结构理论,即 DP 假说,认为限定词 D 而非名词 N 是整个名词性短语的句法中心成分,名词成分则充当限定词的补足语(complement),为整个短语的语义中心。这样,名词短语"John's building a spaceship"则可处理如下:

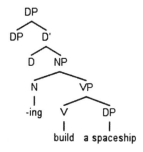

图 2-1　名词短语分析图

---

①　以 DP 理论为参照,本书所说的名词短语既包括名词短语(noun phrase),也包括名词性短语(nominal phrase)。

在语音形式(phonetic form)层面,V 提升至 D 与"-ing"合并。DP 理论为动名词的特征提供了很好的解释,分析图中决定其名词特性的是限定性成分 D,其补足语(NP)可以是任何适当的成分;而 V 还可以选择"a spaceship"作为论元,其动词的特性也得到了体现。

DP 理论明确区分了名词短语(noun phrase)和名词性短语(nominal phrase)。在现代语法描写体系中,名词短语一般指中心成分由名词充任的短语,名词性短语指句法功能相当于名词的短语,两者大都重合。而在生成语法体系中,名词短语和名词性短语有着明确的分工,名词短语专指用作谓词(如作表语)的名词性短语(NP),而名词性短语一般则指限定词短语(DP),带有限定词特征。

后来的研究者对标准 DP 理论进行了修正。Longobardi(1994) 将 DP 与论元相联系,认为只有 DP 才能用作论元成分,NP 一般作谓词,比如光杆名词出现在系动词之后;Lyons(1999)认为 D 不代表限定词,而是有定性范畴的句法投射,在形态丰富的语言中,黏着定冠词是 D 的中心词,自由定冠词和其他有定限定词都不是 D 的中心词;而诸如汉语这样缺乏定冠词的语言,虽然有表达有定的手段,但不存在有定范畴,也就没有 DP。

尽管存在这样的看法,汉语语言学界仍然探讨了使用 DP 理论分析汉语的可能性。熊仲儒(2001)试图引入零成分解决汉语名物化现象的理论解释问题。司富珍(2002,2004)认为汉语的"的"可以是标句词,具有[＋N]的性质,常常位于主语和谓语之间,它决定了所在短语的性质。熊仲儒(2005)认为,汉语中的"人称代词＋名词短语""名词短语＋人称代词"都是以人称代词为句法核心的 DP 结构。显然,包括"的"和"人称代词"在内的名词短语句法特征是较为显著的形式特征。

作为理性主义的研究,DP 理论弥补了传统结构主义理论关于名词短语的解释缺陷,其对于结构平行性、论元对应关系、有定性范畴的讨论深化了学界对于名词短语的理解,尤其是关于限定词或有定性范畴是名词短语句法核心的看法,让我们注意到位于汉语名词短语句首的句法特征,对于制定识别方法和提取识别特征有一定启发。

二、认知语言学角度

认知语言学关注普遍认知策略在短语构造中的表现。其中,多项定语语序和定中关系的语言距离是有关名词短语的两个重要问题。

英语的名词短语主要由限定词、前置修饰语、中心语和后置修饰语构成。中心语前的定语可称为前置定语。Seilor(1978)把前置定语分为两种类型,确定所指和表征概念。前者确定指称对象,作用于中心语概念的外延;后者表征增加概念内容,作用于概念的内涵。多项定语大致形成了如下的语序序列:"逻辑量词＞指示词/冠词/领属词＞数词＞表情状的形容词＞表估价的形容词＞表颜色的形容词＞表质料的形容词及名词"[①]。Bevor(1970)在研究语言结构的认知基础时,明确提出这种语序是由认知策略决定的。汉语定语顺序也受到广泛关注,李先银(2016)认为现代汉语多项定语的顺序原则是"定指＞不定指＞类指",语言形式上表现为"参照＞数量＞性质",在多项性质定语内部顺序是"方面＞新旧＞形体＞颜色＞质料＞功能",并提出可变性越高,定语顺序越靠前。陆丙甫(2005a,2005b)从语言类型学的语序蕴涵共性出发,认为可别度(identifiability)高的成分前置于低的成分是语序的共性规则。袁毓林(1999)从信息论的角度出发,认为信息量小的定语排在信息量大的定语之前,从而使得对立项少的定语排在对立项多的定语之前。

在定中距离研究方面,Greenberge(Haiman,1983)提出一条领属关系规则,在任何语言里,X 和 Y 在表达不可让渡的领属关系时,其语言距离都不会比表达可让渡领属关系时大。张敏(1998)研究了

---

① 其中,"＞"读作"先于"。

汉语名词短语多种构造方式中"的"的隐现规律、领属关系的句法语义限制以及多项定语语序问题，指出距离象似动因是形成名词短语句法语义格局的促动因素。比如，亲属关系比身体部分更容易形成不可让渡关系（距离小），因此指人代词与表身体部位的名词共现时，如"我 手"，难以形成合法定中结构，但与亲属名词共现时，更容易形成定中关系，如"我 爸爸"。显然，这类规则可以用于指导主谓谓语句的边界消歧。

Langacker(1991)的认知语法学提出了一种有趣的观点，认为名词和名词短语的区别不在于长度，而在于名词标识一个种类或类型的事物，而名词短语标识该种类的一个实例。这一看法事实上统一了名词块和名词短语。

Keizer(2007)对名词短语进行了系统研究，使用结构主义和认知-语用的方法详细描写了英语名词短语的紧密构造、of 结构、双名词性结构、伪表量结构、sort/kind/type 结构、领属结构、不连续结构等多种结构形态，涉及中心属性、有定属性、限定属性、数量属性、内部语序等多方面的问题，认为由于语言表达和语言范畴显示出原型效应，语言研究应当致力于寻找一种发现和确定原型的有效方法，在此基础上，对触发原型变异的环境进行细致描写。

三、汉语名词短语研究

研究汉语名词短语的专著不多见。史锡尧(1990)对名词短语的内部结构、定语构成、中心语构成以及定语顺序进行了较详细的描写。王珏(2001)在研究名词时也涉及名词的句法功能、语义关系、定语类型以及定语顺序等问题。刘丹青等(2012)主编的《名词性短语的类型学研究》从语言类型学的角度对名词性短语进行了研究，主要讨论了名词性短语的句法类型特征、关系从句、"的"字结构等问题。王广成(2013)对包括光杆名词短语在内的汉语无定名词短语的语义特征（包括指称性和量化性两个方面）和句法分布特点进行了较为系统的研究，对制约并影响汉语无定名词短语句法分布和语义解释的各种因素进行了描写和解释。其他论述多散见于单篇文献。根据研究需要,我们将这些论述归纳为三个方面:"的"的同一性、含"的"名词短语研究、不含"的"名词短语研究。

(一)"的"的同一性

哪些"的"字短语是名词性的,存在争议。以 De 表示广义的"的"①,弱化其形式区分,同一性研究如何对 De 进行更合理的分类。字面上,"的"是一种文字形式。但语料中存在少量 De 字同形,如"的$_1$"和"的$_3$"同形,"的$_2$"和"的$_3$"同形,以前者为例,不应包含在名词短语的结构助词中。尽管汉语书面形式约定"的""地""得"分别是定语、状语、补语的标识,但实际语料中存在少量不合约定的用法,并且含"的"短语也并不完全对应着名词短语。

De 的同一性研究可以分为四分说、二分说、三分说和同一说四种观点。

1. 四分说

黎锦熙(1924)把 De 分为"特别介词""语尾""联接代名词"和"确定语态的助词"四类,涉及 De 字研究的一些重要问题,如 De 作为语气词、副词性语尾,引导补语,表领属关系以及构成"的"字短语等问题。这一分类初步区分了副词性语尾"地"和补语标志"得"。

此后一些学者(徐阳春,2003)试图从历史、句法、语义的角度证明"的"和"地"以及"的"和"得"语法功能的同一性,认为"的"和"地"、"的"和"得"的合并并不会造成太多歧义,如对于短语"正确的判断",修饰语的性质取决于该短语在句子中实现体词性功能还是谓词性功能,而不是"的"和"地"的区别;同样,"X 是 V+O+V+的"结构作为"V+O+V+得+X"的可转换格式,其中"的"与"得"的功能也是同一的。我们认为,历史上"的"和"地"、"的"和"得"的分合反映

---

① 广义的"的"是指容纳虚词"的""地""得"的三种形式及各自功能的统一单位。除了指该广义用法,根据使用环境,本书中 De 有时也用来指"的""地"两个虚词的统一体,或者专指虚词"的"。

了不同语言环境及社会环境下人类认知"最少精力付出原则"的制衡作用,对计算机而言,分显然比合更显认知上的便利。

2. 二分说

吕叔湘(1942)论述了部分 De 表示语气的现象,提出把 De 分为关系词和语气词两类。关系词表示加语与端语的组合关系,语气词表示确认的语气。此后,高名凯(1944)、丁声树(1961)都从是否用于修饰关系和是否表语气的角度区分两个 De。二分说把表示语气和修饰关系放在对立面上,区分了句末或动宾之间表语气的 De 和偏正结构中的 De,引起了学术界对于语气词"的"的关注。

黄国营(1982)根据能否使其左邻接词语(S)发生根本的词性变化,把 De 分为 D_1 和 D_2,能使 S 的词性发生根本变化的为 D_1,否则为 D_2,认为 SD_1 主要作主宾语和定语,是体词性短语,D_1 是结构性的;SD_2 主要作谓语、补语、状语和定语,是谓词性短语,D_2 是词尾性的。其实发生词性变化的是"S 的"而非 S。这一区分没有涉及句末语气词 De 的存在,因为它常常是附着在小句上的;并且 D_1 混合了定语位置上和状语位置上附加的 De。如"健康的生活",如果整个短语是体词性的,"健康的"是形容词性的,"的"为 D_2;如果整个短语是谓词性的,"健康的"是副词性的,"的"为 D_1。而判定该短语的性质需要对其句法位置进行识别,显然这种句法层面的先决过程对计算机来说是困难的。

3. 三分说

朱德熙(1961a)应用功能分布理论系统地研究了 De 的性质和分类问题,将"X 的"语法功能的不同归结为 De 的不同功用,从而把 De 区分为三个语素:的$_1$、的$_2$ 和的$_3$,分别是副词性语法单位、形容词性语法单位、名词性语法单位的后附成分。这一分类在语法学界引发了关于 De 的性质和分类问题的大讨论,问题涉及分类方法、分类内容等多个方面。以下两个问题特别值得我们注意:

第一,是否存在语气词 De。方光焘(1962)、言一兵(1965)认为应该区分作为语气词的 De 和的$_3$。朱德熙(1961a,1966)通过使用

"是……的"框架,论证了"我会写的""我昨天写的"中的 De 是的₃,而非语气词;同时也指出作为语气词的 De 和的₃ 的界限"实在不容易划清楚",承认语气词 De 与否都会遇到困难。刘公望(1982)考察了语气词 De 的语法作用、分布以及语气句的结构特点,指出语气词 De 附着于整个句子表示推测、强调、肯定等语气,并提出了可参考的鉴别方法:语义上 De 后补不出中心语,形式上可以省去。

第二,是否存在时间助词 De。与朱德熙(1961a)的看法不同,方光焘(1962)认为"我昨天写的"中 De 是时体助词。宋玉柱(1981)论证了表示时间的 De,认为这些 De 指明动作发生于过去,去掉 De 会改变动作时间,造成语义矛盾,如:"他昨天晚上什么时候回来的?"它们不能用于表示将来时的句子中,如:"你明天什么时候回来的?"

可以看出,语言学界关于是否存在表示语气和时间的 De 存在不同的看法。尤其是在分布分析中是否承认语气词"的"还存在理论上的问题。

4. 同一说

随着研究的深入,学术界越来越倾向于 De 字功能同一的观点。石毓智(1998,2000)分别从语法化和认知的角度,论证了 De 字语法功能的同一性,认为 De 的功能是用来确立认知域中的成员。如"北京的桥"是从"桥"的认知域中确立出属于"北京"的成员。功能同一性的论证多在认知层面进行,这种抽象的解释形式难以用来解决句法功能分类问题。

对于计算机而言,三分说系统地考查了的₁、的₂和的₃的分布位置,有较好的可操作性。首先,的₁对应于形式"地",不可能作为名词短语;其次,清楚地描述了的₂和的₃的分布差异,可以较明确分辨形容词性和名词性"的"字短语,如"绿油油的₂"和"不多见的₃"。我们主要采纳三分体系,并根据具体的语料,适当考虑增加语气词的范畴。

(二)含"的"名词短语研究

构造名词短语的"的",可以是"的₂"或"的₃"。一方面,"的"的问题受到广泛关注;另一方面,语言学家观察到"的"的参与是形成复杂名词短语的重要因素。按照是否含有助词"的",名词短语分为含"的"名词短语和不含"的"名词短语。

1. "的"字短语研究

关于名词性"的"字短语的研究主要讨论了"的"的性质,"的"字短语的自指、转指和成分提取等方面的问题。

(1)"的"的性质。

早期以黎锦熙(1924)、季永兴(1965)、言一兵(1965)等为代表的学者认为,"的"字短语是由含"的"偏正结构省略中心语而来,往往可以将省略成分补充出来,其中"的"是修饰语的标记。但在许多情况下,中心语无法补出,中心词省略说也就失去了解释力,如"酱油和醋一样打五分钱的"(朱德熙,1966)。

朱德熙(1966)反对修饰语标记省略的观点,并采用功能分布理论区分了三个 De,认为"S 的"是一个自足的名词性成分,其后并没有省略什么,"的"是名词性成分的标记。根据该理论,"相对程度副词+形容词+的"是谓词性的,其中"的"是形容词性单位的后附成分,但是这样的格式却能够出现主语的位置上用于指称,如"更重要的是今年的高考。"

郭锐(2000)区分了表述功能的词汇层面和句法层面,把"的"看成词汇层面的"饰词标记",认为"开车的跑了"中"开车的"与"急性好治"中的"急性"一样,都是饰词性成分在句法层面的指称化。陆丙甫(2003)认为 De 的基本功能是语义平面的描写性,在一定的语境下可添加区别性及在语用层面实现指别性。

我们以朱德熙的观点为主,局部采纳郭锐关于饰词性成分指称化的观点,将主语位置上的谓词性"X+的$_2$"短语也纳入名词短语的范畴。

(2)"的"字短语的自指、转指和成分提取。

"的"字短语的自指、转指问题与"的"字结构中"的"的性质的讨论一脉相承。在深入讨论了"S 的"的名词性之后,朱德熙(1978)研究了由动词性结构组成的"的"字短语(DJ 的)以及由该类"的"字短语组成的判断句,分析了"DJ 的"与"DJ 的＋M"的关系,认为"DJ 的"中关于动词存在主谓和述宾两种句法关系,"DJ 的"总是优先指代未出现的关系成分,因而可以指代三种对象:潜主语、潜宾语和其他成分[①]。指代前两者的"DJ 的",对应了同格成分 M;并且随着动词向的不同,"DJ 的"在句中可能出现零个或多个潜在关系成分,因而"DJ 的"可能产生指代歧义。文章还进一步运用上述制约关系讨论了含"的"字短语的判断句,指出了该类判断句中"DJ 的"和 M 的同格关系。

"DJ 的"结构指代潜主语、潜宾语和其他成分的不同之处在于,指代前者的"DJ 的"语义上能够离开 M 而独立,而指代后者的则不能。朱德熙(1983)从自指和转指的角度对这一现象进行解释,指出转指"VP 的"既能提取主语也能提取宾语,因此造成了句法空位,"VP 的"与句法空位同格;自指"VP 的"在 VP 里往往不存在缺位,并且不属于跟 VP 里的动词相关的任何一个格。

袁毓林(1994)修正了朱德熙关于"的"字短语歧义指数的计算方法,认为句法成分的提取不仅与动词的价有关,也与名词的配价有关。袁毓林(1995)进一步运用谓词隐含理论阐释了"的"字短语的称代规则,认为在语义上并不存在所谓的自指,如"塑料[做成]的拖鞋",其实隐含了谓词"做成"。

沈家煊(1999)提出了一个转喻/转指的认知模型,在认知框架内将指代目标和替代项分辨为两个不同的对象,替代项能够激活指代目标,并且替代项的显著度高于指代目标。认知框架与配价结构有时是一致的,有时却不一致,这样更好地解释了"的"字短语的自指和转指问题。如"毒蛇咬的(伤口)"并不在配价结构内,但却在"施事－动作－结果"这一认知框架内,替代项"毒蛇咬"这一动作比指代目标

[①] 潜主语指动词的未出现句法主语,潜宾语指动词的未出现句法宾语,其他成分指动词的句法主语和句法宾语都出现时,"DJ 的"所指代的两者之外的成分。

"伤口"内涵更多,显著度更高。

自指、转指和成分提取研究表明,"的"字短语内部存在精巧的句法语义构造,为我们观察最长名词短语提供了新的视角。根据朱德熙的观点,多数包含动词的含"的"偏正结构可以看作"De 字短语+中心语"形式。这样,在"$[NP_1]+V+[NP_2]+De+[NP_3]$"格式中,$NP_1$、$NP_2$、$NP_3$ 与动词 V 都存在句法语义关系,在同一平面上形成相互关联的整体。这些关系还可以参与短语边界识别,如判断 V 是否"$NP_2+De+NP_3$"的左邻接词,而这正是最长名词短语识别的难点。

"的"字短语的构造规则还提供了挖掘句法语义关系的方法。绝大部分动词是二价动词,"VP 的"多提取主语和宾语,最常见是提取宾语,可以利用转指规则自动获取搭配。但风险也可以预见:对二价动词,提取的结果可能是<动词,结果>,如上例中的<咬,伤口>;对一价动词,可能提取出<动词,施事>,如从"游泳的人"中提取出<游泳,人>。显然,这些并非动宾搭配。

2. 含"的"偏正结构研究

含"的"偏正结构是以助词"的"为标记的偏正结构。研究主要涉及三个方面:一是含"的"偏正结构的属性,二是"N1 的 N2"内部关系,三是"N 的 V"结构与功能。

关于结构属性的研究主要从语法和认知两个角度进行,探讨了无标记偏正结构和含"的"偏正结构的异同(范继淹,1958;张敏,1998)。

"N1 的 N2"内部关系研究则涉及其内部的语法、语义、语用等层面,集中讨论了其中的领属关系问题(沈阳,1995)。领属关系能够给识别工作提供消歧知识。例如,"修理汽车的轮子"对于计算机来说是一个歧义结构,当检测到"汽车"和"轮子"具有很强的领属关系时,基本可以排除"修理"和"汽车"在该句中作为动宾搭配的可能性。

"N 的 V"结构是名词性的还是动词性的存在争议。学术界就其历史演变、内部结构、外部功能等角度进行了多角度的研究。争论的焦点是"N 的 V"的内部结构关系和 V 的名物化问题。

（1）内部结构关系。

从内部结构的研究来看，主要有主谓关系说，姚振武(1995)等持有这一观点；偏正关系说，受到了语法学界的广泛承认，以朱德熙(1961b)为代表的大多数语法学家都持有这一观点。

张伯江(1993)细致地考察了"N 的 V"的内部结构语义关系，特别是 V 可能实现的语法性质，发现表示时间意义的语法手段最受限制，表情态的次之，而动词自身的补充成分（宾语）和修饰性成分（状语）比较自由。常见修饰性成分有：专职动词前加词，如"全速、大力"；副词，如"不"；表否定意义的助动词，如"未能、不肯"。V 后出现宾语的情况较普遍，但不容易出现补语和动态助词"了、着、过"。从语义关系看，大多数情况下 N 是施事，但作受事也不少见。

沈家煊等(2000)从认知角度研究了 N 和 V 的句法语义关系，根据 N 能否作 V 的主宾语，分析了构成"N 的 V"的四种情形，四种情况形成各自的动词聚类，并认为"N 的 V"是"参照体－目标"构式，N 是参照体，V 是目标，人们通过参照体获得对目标的认知，因此进入"N 的 V"的 N 必然是与 V 联系的凸现度或可及度较高的名词。

（2）动词名物化。

内部结构的一个重要问题是 V 是否名物化。黎锦熙(1924)在其构建的"依句辨品"的语法体系中，将词类和句法成分一一对应，认为主语和宾语位置上的 V 转化成了名词。朱德熙(1961b)反对"名物化"的观点，认为动词作主语时受定语修饰是动词固有的用法，而"这本书的出版"之所以是名词性的，并非因为该结构出现在主语或宾语的位置上，而是因为"这个结构本身是名词性的：既不能作谓语，也不能受副词修饰"；李宇明(1986)区分了语法位置赋予的指称性和动词本身的词性，认为处在"N 的 V"结构中的动词既保留了本身的动词属性，又通过"N 的 V"结构获得了主宾语位置上的指称性。

张伯江(1993)没有对 V 的性质作出定论，但认为 V 的名词性增强，动词性减弱；王冬梅(2002)采用及物性理论中的八项及物性判定特征对 V 进行测试,得出同样的结论,发现及物性越高的动词越不容易出现在该结构中。

(3) 外部句法功能。

由于对"N 的 V"的结构关系、结构核心认识不同,对它的外部功能也有不同见解。基本分为两种观点,一种认为"N 的 V"是名词性的,持名物化说、偏正关系说及"参照体-目标"构式说的学者大都持有这一观点。

张伯江(1993)根据语料统计表明,"N 的 V"格式作主语和宾语的几率大约各占一半,并且作宾语时更倾向于作介词宾语;当 V 为光杆动词时,作主语或宾语都十分常见,V 前后带附加成分时,作主语的倾向则十分明显。

詹卫东(1998a,1998b)发现"N 的 V"参与组句时主要分布在主语、宾语和介词槽中,并且对于谓语动词有所选择。"N 的 V"作主语时要求谓语动词允许谓词性成分充当其主语,常见的动词如"安排、避免、成为、表示、称"等。当它作宾语时要求谓语动词是真谓宾动词,如"企图、受到、同意、看"等。这反映了"N 的 V"作为名词性偏正结构也有着不同于普通名词短语的性质。

周国光(2007)认为表达功能直接控制了词类和结构,"NP 的 VP"结构事实上是谓词性结构在表达层面的指称化,而"的"是完成指称化的标记。

另一种观点认为该结构是谓词性的。董晓敏(1987)使用向心结构理论自底向上地推导"N 的 V"的结构功能,认为由于 V 是谓词性的,"N 的 V"的结构核心在于 V,因此该结构也是谓词性的。

我们认为,"N 的 V"结构不能作谓语,也不能受副词修饰,是名词性短语,相应地,结构关系为偏正关系。但是,V 是否指称化,或者整个短语在句法层面、语用层面还是表达层面完成指称化,本书暂不作讨论。但是,在中文信息处理中,通常对 V 进行指称化标注,对于句法分析而言是十分有利的。

关于"N 的 V"结构及功能的研究还为该模式的识别提供了待开

发知识资源,特别是其中关于动名句法关系、动词聚类、谓语动词约束的讨论对于消解诸如"N 的 V""N 的 DV"模式的边界歧义可有一定帮助。

(三) 不含"的"名词短语研究

不含"的"名词短语研究主要关注动词或动词性结构直接作定语问题。我们关注以下两个问题:一是语法单位的性质,二是构造特征及约束条件。

1. 语法单位的性质

定中式"动词+名词"是短语单位还是词汇单位存在不同看法。一种观点认为该结构是词汇单位(邢福义,1957;石定栩,2002);第二种观点认为是短语(张国宪,1989);第三种观点介于两者之间,主要根据可扩展性判断,中间可以插入"的"的是词汇单位,否则是典型短语(齐沪扬等,2004)。李晋霞(2008)认为定中"$V_双+N_双$"是一种非典型句法结构,处于词法与句法的界面地位。

在标注语料库中,定中式"动词+名词"多被切开,如果是词汇单位,可以考虑收录进词表,这对于"动词性结构+名词"的结构消歧也有作用,如果已知"治疗 中心"是定中结构,可以推断"治疗 网瘾 中心"也是定中结构。

2. 构造特征及约束条件

(1) 音节构造。

吕叔湘(1963)分析了汉语单双音节问题,涉及动名搭配问题,指出对于三音节语音段落,偏正组合的"双音节+单音节"模式多于"单音节+双音节",动宾结构相反;对于四音节语音段落,动宾关系和偏正关系中的"双音节+双音节"模式均远多于其他构造模式。

张国宪(1989)研究了"动词+名词"结构中单双音节动词的功能差异,认为从共时角度看,与单音节动词相比,大部分双音节动词动作性较弱,兼有名词的某些特点,是动/名双功能词;从历时角度看,双音节动词处于向名词一端漂移的过程中。这造成了偏正组合"$V_双+N_单$"多于"$V_单+N_双$"的特点。

(2) 动名约束。

华灿(1983)从动词和名词等角度分别观察了定中式"及物动词+名词"结构的构造特点。名词常包括以下类型：表示人、事物的动作行为、发展变化的过程、情况等意义，如"过程、阶段、情况"等；对人、事物的动作行为、发展变化的能力、水平的概括，如"能力、技术、水平"等；对某些动作行为的概括、称说的动名兼类词，如"活动、运动、工作"等；概括地指称人或事物的词，如"机关、单位、人员"等。动词多是双音节动词。

傅雨贤(1988)同样考察了"及物动词+名词"结构，指出该结构的名词大多是抽象名词，少量是类名词，不能是个体实物名词。

(3) 配价关系。

邵敬敏(1995)考察了单双音节下动词性成分和名词性成分的四种组合模式，指出配价理论对句法关系的判定具有一定的解释力，大部分不及物动词跟双音节名词组合，只能理解为非价组合（定中关系）。此外，习惯性搭配、"动词+抽象名词"也是非价组合的常见类型。该文还提出了判定"双音节动词+双音节名词"是否非价组合的结构框架：用于 V 的 N；进行 V 的 N；作为 V 的 N。

(4) 其他研究。

张国宪(1997)运用原型理论研究了"双音节动词+双音节名词"的理解因素。研究表明，生命度越低，形成定中关系的可能性越大；在"受事＞对象＞结果＞处所＞时间＞施事"序列中，等级越低，越难形成动宾关系。齐沪扬等(2004)、李晋霞(2008)等也对动名搭配的构造特征进行了多角度的研究。

汉语 30%以上的动词可直接作定语修饰名词（李晋霞，2008）。在语料库中，动词直接作定语一般在词性标注阶段标识为名词，消解了大量歧义，但由于标注一致性问题、标注错误等因素，也会存在少量动词简单标注为动词的情形。MNP 识别还需要解决动词性结构作定语问题，特别是单音节动词构造的述宾结构直接作定语的问题，它的构造特征与动词直接作定语是类似的。由于缺乏形式标记，识别这两类 MNP 是较为困难的。

第二节 组块分析研究

一、组块分析研究

组块分析是自然语言处理的一个较新的研究课题,它借鉴心理学领域关于记忆单位和阅读中眼动现象的研究成果,应用于大规模文本分析,试图解决句法分析中底层歧义多的问题。

(一) 英语组块研究

英语组块分析源起于 20 世纪 80 年代末 90 年代初国外关于语言组块(chunk)的研究。

Abney(1990,1991a,1992)提出和界定了组块概念,分别从理论解释和心理学实验上证实了组块是句法的基础单位,具有心理现实性。Abney(1991b)正式提出基于组块的分析方法,构造了一个基于规则的分析系统,先进行组块识别和系联分析,化解底层歧义,以进一步达到部分乃至完全句法分析的目的。

对应于早期的两组研究,组块分析可以分为单一组块分析和一般组块分析。单一组块分析研究某一类语块,主要是基本名词块或基本名词短语的识别问题。一般组块分析扩展了研究范围,研究多个(实)语块的识别分析问题,可以称为系统性的组块分析[①]。90 年代中后期,国际上展开了对基本块的全面识别研究。

Ramshaw et al. (1995)采用了基于转换的错误驱动的学习方法(Eric Brill,1995)进行组块识别。该方法将短语识别问题转化为位置标注问题。系统首先对文本进行初始标注,比较初始标注结果和正确答案,同时定义转换规则空间(包括触发条件和转换动作),并结

---

① 系统性的组块分析也常常被简称为组块分析。

合错误情况形成候选转换规则,然后遍历规则空间中的每一条规则,用评价函数对候选规则打分,挑选出得分最高的一条规则,送入有序规则库,并应用该规则对当前标注结果进行刷新,然后再根据转换规则空间和错误情况添加新的候选转换规则。学习过程循环进行,直到没有规则能使评价函数高于一定阈值。组块识别采用学习得到的有序规则集进行标注。该方法的一个好处是系统的分析能力和识别结果易于解释。

Abney(1996)提出有限状态叠(finite state cascade)的方法,其基本思想是将句法分析的过程分成多个层次,每一层级上的短语只能建立在前一级的基础上,在每个层次内部,使用简单的有限状态自动机进行分析。分析过程包括一系列状态转换。每一个转换定义为一个模式的集合,每一个模式是由一个句法范畴符号和一个正则式构成的产生式。正则式可转换为有限状态自动机,从而在某一层产生一个单一的、确定的有限状态层次识别器 T_i,它以 L_{i-1} 级的输出为输入,并产生 L_i 作为输出。在模式匹配过程中,如遇到冲突,按最大匹配原则选择合适的模式。

自然语言学习国际会议(CoNLL-2000)正式提出语块共享任务,定义了英语的 11 种基本语块(基本块),包括 NP、VP、PP、ADJP、ADVP、CONJP 等。基于规则的方法和基于统计的方法在此次任务中得到广泛的应用,特别是基于统计的方法占据了主流,如隐马尔科夫模型(HMM)、最大熵模型(ME)、支持向量机(SVM),等等。其中,分类器集成成为广泛采纳的一种策略,并且取得了良好的效果。

CoNLL-2001 将组块分析任务推广到更大块——小句(clause)的识别。与基本块识别任务不同,由于小句结构的复杂性和嵌套性,任务被分解为三个部分:左边界的识别、右边界的识别和左右边界的配对。汉语最长名词短语识别与英语小句识别任务具有一定程度的相似性,一些学者(刘丹青,2005)认为汉语名词短语中常见的"的"、指示词等可以作为关系从句的标记,参与构造关系从句。此后,组块识别进一步应用到句法语义领域,如 CoNLL-2004 与 CoNLL-2005 开展的语义角色标注任务。

(二) 汉语组块研究

20 世纪 90 年代以来,国内引入组块分析的思想,在汉语短语层面展开了广泛的研究,主要见于汉语组块的定义、组块识别的方法与策略、组块内部的结构分析等方面。

早期的组块分析研究对汉语组块的定义进行了研究,大致分为基本块和功能块两种类型,而以基本块研究居多。汉语的基本块定义经过 90 年代的初步探索,2000 年后基本参照 CoNLL-2000 会议的组块定义,形成了完整的系统性任务。

最早的汉语组块定义是多层结构。周强等(1999)提出了一个由成分组构成的组块体系,以辅助句法分析。成分组包括并列结构、固定搭配结构和标点分隔结构。刘芳等(2000)将组块界定为包含一层或者两层符合一定句法功能和反映组成意义的短语,并定义了 8 种组块类型:形容词短语、副词短语、名词短语、时间词短语、处所短语、动词短语、数量短语、非短语。

CoNLL-2000 会议将组块分析工作集中到基本块分析任务上,所定义的基本块是一种块的线性结构。周强(2001,2007)通过引入词汇关联信息,为缺乏形式标记的汉语寻找内聚性判定标准,提出了基于拓扑结构的汉语基本块的描述体系,确立了句法和关系标记集。其中,基本拓扑结构包括三种:左角中心结构、右角中心结构和链式关联结构;句法标记集包括七种:NP(名词块)、VP(动词块)、AP(形容词块)、DP(副词块)、MP(数量块)、TP(时间块)、SP(空间块)。基本拓扑结构对基本块中的多词表达(MWC)内部依存关系进行分析,建立了句法关系和语义内容(词汇关联)的桥梁。

李素建(2002)参照 CoNLL-2000 会议,结合汉语的特点,定义了 12 种组块类型,包括形容词组块、副词组块、"的"字组块、"地"字组块、方位组块、列举标示组块、名词组块、介词组块、量词组块、动词组块、非组块、分割组块的标点符号,它们以线性方式覆盖了语料中所有的切分单位。

谭咏梅(2005)定义了10种组块类型,包括基本动词短语、基本限定词短语、基本形容词短语、基本数量短语、基本片段短语、基本名词短语、基本介词短语、基本副词短语、基本分类词短语和由词性标记LC形成的短语[①]。可以看出,这种定义方法建立在宾州中文树库(CTB, Penn Chinese Treebank)的基础上,有赖于该树库的标记集。

尽管汉语组块的定义为组块分析打下了坚实的基础,并使得汉语组块分析能够参与国际评测,推动了汉语组块分析和中文信息处理工作的进展,取得了大量的成果。但也可以看到,汉语组块的定义仍有不同的体系,不同的研究所定义的组块常常也有所不同,甚至依赖于所使用的语料资源。不一致的定义方式使得汉语组块分析工作常常缺乏比较的基础。汉语组块缺乏共享定义的状况一方面是由于国内缺乏权威的大规模共享评测语料库,另一方面受制于汉语缺乏形态标记的特点,组块定义缺乏诸如Abney(1991b)的深入理论研究[②]也是一个重要原因。因此,加强汉语组块的理论研究是组块分析的重要基础工作。

汉语组块分析的方法包括:基于规则的方法,如基于转换的错误驱动方法;基于统计的方法,如概率模型和统计机器学习方法。其中,统计机器学习方法是主要方法,包括隐马尔科夫模型、最大熵模型、支持向量机、条件随机场(CRF)、神经网络(ANN)等。

为了提高组块分析的效果,一些研究着力于引入和应用新的模型方法[③]。舒鑫柱等(2001)提出了一种基于HowNet知识库的组块分析体系。张昱琪等(2002)应用基于实例的MBL(Memory Based Learning)学习方法,对汉语中较为常见的9种基本短语进行识别,并利用短语内部结构和词汇信息对边界歧义和短语类型歧义进行排

---

① 词性标记LC,是宾州中文树库的定位词(Localizer),如"里"。
② 缺少深入的理论研究使得组块的定义更加容易受应用目的的影响。
③ 所谓新的模型方法,是相对于汉语组块分析而言。

歧。另一些研究致力于改进和应用现有模型。李珩等(2002)提出一种基于增益的隐马尔科夫模型(transductive HMM)的方法,借助转换函数(模型)导入各种上下文信息用于 HMM 的训练,并在此基础上将其中两个较好的模型融合为一个更好的模型。谭咏梅(2005)提出了基于 SVMs + sigmoid 方法的浅层句法分析方法。孙广路(2008)系统地研究了组块分析的不同统计模型、特征选取和一体化模型的建立问题。程川(2016)、杨智超(2019)将神经网络和深度学习方法应用于组块分析系统。与原有模型相比,这些改进的模型往往在整体上或者某些方面能够取得更好的识别效果。

不同模型的融合及不同方法的组合也是广泛使用的方法。既包括不同统计机器学习模型的融合(分类器集成),也包括统计机器学习方法和规则方法的顺序组合。刘芳等(2000)采用增强的马尔科夫模型与基于转换的错误驱动方法(TBL)对汉语组块进行了识别研究。李素建(2002)采用最大熵模型、有限状态自动机和基于错误转换相结合的方法进行组块分析。黄德根等(2006)使用支持向量机与错误驱动学习相结合的方法识别汉语组块。陈文亮等(2006)采用了多分类器融合的策略进行组块分析,在构造 SVMs、CRFs、TBL 和 MBL 4 种分类器模型的基础上,采用多种投票机制进行分类器融合。罗雪兵(2007)基于 HMM、SVM 和 CRF 模型识别组块,并采用投票机制融合了三种统计机器学习模型的识别结果。这些研究均在一定程度上提高了识别效果。

识别策略的改进也是组块分析工作着重研究的问题,并且取得了较好的效果。于静(2008)提出了针对不同组块使用不同特征的分布式策略和基于条件随机场的错误驱动方法,提升了识别效果。秦颖等(2008)设计了先识别组块边界,再识别组块类型的级联组块识别方法,取得了优于 SVM、CRF、TBL 和 MBL 的识别效果。周俏丽等(2012)提出了基于分治策略的组块分析方法,在识别最长名词短语的基础上,将句子分解为最长名词短语部分和句子框架,针对不同的分析单元选用不同的模型加以分析,基于宾州中文树库 CTB4 数据集的实验取得了91.79%的F1值,优于其他的组块分析方法。

　　除了基本块外,清华大学还开展了功能块的研究工作。周强等(2007)研究了汉语功能块的自动分析问题,界定了主语、谓语、宾语、状语、兼语、补语、语气、独立语八种功能块类型,并提出了边界识别模型和序列标注模型进行计算模拟。陈亿等(2008)进一步将功能块推广到多层级层面,统计表明,多层级的功能块具有结构简单、长度短且分布均匀的优点,有利于提高分析器的性能。我们认为,复杂块的多层次化是由句法递归特性决定的,在解决基本块问题之后,多层次的块分析机制是需要进一步考虑的问题。

　　总的来说,组块分析作为一种较新的研究思路,受到学术界的广泛关注,并且已有诸多应用。汉语作为一种缺乏形式标记的语言,其组块界定虽有规范(李素建,2002),但理论依据薄弱,主观性较强,大多面向应用,受到研究者和研究目的的影响,难以形成学界统一认可的有理据的标准,其理论基础仍然值得进一步研究。从研究方法看,虽然统计方法占据了主流,但不同分类器的集成、统计与规则的结合常常能够取得更好的效果,同时,识别策略的改进也是非常重要的因素。从组块类别看,基本块的研究已经取得一定成果,在基本块分析的基础上,我们需要进一步研究如何处理多层次、大颗粒度的组块,而我们所定义的最长名词短语正是这种类型的组块。

二、基本名词短语识别与分析

　　基本名词短语是长度最大,也是最复杂的基本块类型[①],是组块分析的重点对象。早期的组块分析工作主要针对基本名词短语,在组块分析体系提出后,也有不少专门针对基本名词短语的研究工作。

　　在英语方面,Church(1988)首先用统计方法识别简单名词短语,利用两个概率矩阵(起始位置概率矩阵和终止位置概率矩阵)确

---

①　一般来说,"块"包括了单词结构,而"短语"指2个词以上的结构,但也取决于短语的定义。这里不做严格区分。

定句子中简单名词短语的起始和终止位置,实验取得了"令人鼓舞(very encouraging)"的效果。

另一些学者使用规则方法识别名词短语,Kupiec(1993)利用有限状态自动机从法语和英语双语语料中提取双语 NP;Ramshaw et al.(1995)采用了基于转换的错误驱动的学习方法开发了两个模型,其中一个用于识别基本名词短语。

最好的基本名词短语识别系统通常采用多种统计机器学习模型融合的方法。Tjong Kim Sang et al.(2000a,2000b)分别采用了两种不同的集成方法识别基本名词短语。一种方法是 MBL 系统内集成,采用不同的标记集(IOB1,IOB2,IOE1,IOE2,O+C)构造基本分类器;另一种方法是系统间集成,采用 MBL 等 7 个分类器作为基本分类器,并测试了不同的融合策略。在标准测试集上 F1 值较前人研究分别取得了 0.5% 和 0.6% 左右的提高。

Kudo et al.(2001)以 SVM 作为分类器,采用分类器集成的方法识别基本名词短语。基本分类器的构造采用了多种方式,如采用不同的标记集、不同的分析方向以及不同的投票方式等。实验对基本名词短语进行了独立评测,在标准测试集上较 Tjong Kim Sang et al.(2000b)的工作提高了 0.4% 左右。

汉语基本名词短语识别研究也包括了基于规则的方法和基于统计的方法,后者包括了一般统计方法和统计机器学习方法。

由于识别任务的复杂性,较早的汉语基本名词短语识别融合了基于统计的方法和基于规则的方法。赵军等(1998,1999b,1999c)以汉语"区别性定语 描写性定语 限定性定语"的定语语序为理论依据,将基本名词短语(baseNP)定义为限定性定语和中心语的组合形式,提出句法组成模板与 N 元模型相结合的概率识别模型、基于转换的识别模型和基于中心词潜在依存关系的结构分析模型。该研究以语言距离为基础界定组块(baseNP),符合认知上的规律,特别适合缺乏标记的汉语组块界定,其中 baseNP 模板归约的思想对本研究也很有启发。

基于规则的基本名词短语识别往往融合了大量的语言学知识资源。张瑞霞等(2004)提出了基于知识图的汉语基本名词短语分析模型,以 HowNet 为语义知识资源,采用以语义为主、语法为辅的策略,先为短语中的每一个实词构造"词图",然后合并"词图"为"短语图",从而得到一个关于结构和语义信息的知识图,达到分析内部句法关系和语义关系的目的。

徐艳华(2008)根据语法功能完全相同即为一类的原则,对3514个高频实词进行语法功能考察,分为 676 类,建立了汉语词类体系。基本名词短语识别以该体系为依据,将实例中的词语序列转换成相应的类标记序列,并与句法规则库对照确定序列内部的句法关系。通过考察10081 个"v + n"序列实例,总结出 2066 条句法规则。在判断该序列是否为基本名词短语实验中,按照组合模式和实例数统计,准确率分别为 70.7% 和 71.3 %。该研究显示了语言学理论的形式化和语言知识细化对于解决句法问题的作用。

大多数基本名词短语识别采用基于统计机器学习模型的方法。郭永辉等(2006)提出一种基于粗糙集的基本名词短语识别方法,取得了较好的识别效果,但算法复杂度较高,需要进一步优化。周雅倩等(2003)采用最大熵模型识别中英文基本名词短语,在宾州中文树库上,只使用词性标注,获得了 87.43% 的查全率和 88.09% 的准确率;在英文标准语料 Treebank Ⅱ 上,获得了 93.31% 的查全率和 93.04% 的准确率。

与系统性的组块分析任务类似,多模型融合的系统是基本名词短语识别广泛采纳的有效策略。一种是将不同的统计机器学习的识别结果进行集成。年洪东(2009)提出一种基于统计词位信息的多标记多特征的基本名词短语识别方法。文章指出,基本名词短语中大多数汉语词拥有主词位,为基本名词短语设计了五词位的标记集,并通过提取能产词位特征和分类器融合提高了识别效果。

另一种是将统计机器学习模型与规则方法相结合。孟迎等(2004)提出一种基于决策树的识别方法,从语料库中自动抽取基本名词短语的词性模板以及其上下文信息，采用 ID3 算法形成相应的决策树，识别时采用规则匹配树的方法进行最大规则长度匹配，克服了基于规则的识别方法和基于统计的识别方法存在的缺点。马艳军等（2005）提出基于隐马尔科夫模型和候选排序的基本名词短语识别方法，在 HMM 识别的基础上获取 N-Best 最优路径作为汉语基本名词短语标注的候选集，利用边界匹配和基本名词短语模板对候选集进行过滤，并基于模板可信度信息对候选集进行重新排序，以可信度最高的匹配模板作为标注结果。徐昉等（2007）在宾州树库上采用基于错误驱动的组合分类方法识别汉语基本名词短语。通过对比两种不同类型的分类器，基于转换的方法和条件随机场方法的分类结果，利用支持向量机学习其中的错误规律，对两分类器产生的不同结果进行纠错，从而达到提高系统整体性能的效果。胡乃权等（2009）提出一种混合的基本名词短语识别方法，融合了规则模板、最大熵模型和条件随机场模型。谭魏璇等（2011）提出一种以基于转换的标注和条件随机域模型为底层，支持向量机模型为高层的混合统计模型。可以看出，由于基本名词短语的内部构造相对非名词性基本块更为复杂，大量的研究中都出现了规则系统的身影，这表明规则方法在复杂语块的识别研究中具有重要作用。

在多模型融合的研究中，徐昉等（2007）、年洪东（2009）均比较了条件随机场和支持向量机的识别效果。前者的研究显示，两种模型效果相近，支持向量机稍胜出；后者的研究则表明，条件随机场的识别效果明显好于支持向量机。事实上，模型识别效果的差异受到多种因素的影响，与对象界定、参数设定都有关系，比如，前者使用了{I, O, B}标记集，而后者使用了{B, F, M, E, S}标记集。

总体而言，尽管统计机器学习方法在基本名词短语识别任务中占据了主流，但仍然不乏理性主义的方法，两者各有优点。统计机器学习方法多能取得较好的效果，多分类器融合的方法能够进一步提升识别精度，但提升幅度往往较为有限；理性主义方法的可解释性更强，也有较大的提升空间，因为语言序列本质上是结构问题，特别是对于较为复杂的语言结构识别任务,规则方法往往能够发挥更为重要的作用。

三、最长名词短语识别与分析

最长名词短语的相关研究包括最长名词短语子集和邻近集合的识别,以及严格的最长名词短语的识别分析两个部分。

最长名词短语识别研究起始于英语信息处理,且大多数研究属于前者。Bourigault(1992)的术语抽取器通过构造两个阶段的自动分析器发现文本中的术语(部分最长名词短语)。文章首先使用边界规则识别最长名词短语边界,然后通过内部结构分析抽取术语,取得了95%的召回率,但没有报告正确率。

Voutilainen(1993)的名词短语获取工具NPTool,采用基于限制的文法进行词语的句法功能标注,消解词语级歧义,并利用两种有限状态分析机制(NP-否定倾向机制和NP-肯定倾向机制)来发现文本中可能的最长名词短语,最后使用正则表达式抽取最长名词短语。NPTool识别的最长名词短语包括了介词和连词,但不包括that引导的定语从句。

台湾的Chen et al.(1994)将名词短语分为最短名词短语、最长名词短语、一般名词短语以及可应用名词短语,并指出最短语名词短语、可应用名词短语与最长名词短语之间具有相当的重叠率。文章利用统计分块(chunking)和有限状态分析相结合的方法来发现句子中的各类名词短语,总体正确率达到95%,其中,最长名词短语召回率达到70%。

由于汉语名词短语总体上呈现左扩展的特征,且汉语动词缺乏形态变化,结构嵌套复杂,使得最长名词短语边界的不确定性更高,在汉语信息处理研究中也得到了更多的重视。因为一旦很好地识别出了句子中所有的最长名词短语,就可以很方便地把握句子的整体结构框架,从而很快构建出句子的完整句法树或句法森林(周强等,2000)。从研究方法看,早期的汉语最长名词短语识别分析主要采用统计和规则相结合的方法,后期以统计机器学习方法为主。

李文捷等(1995)最早研究了汉语最长名词短语识别问题,构造了两个边界概率矩阵,左边界概率矩阵和右边界概率矩阵,识别最长名词短语的左右边界,并基于最大长度匹配和最大概率配对的不同策略识别最长名词短语,开放测试取得了71.3%正确率。实验表明,不同的匹配方式对于识别的影响不大。

周强等(2000)根据 Chen et al. (1994)对最长名词短语的界定,指出汉语最长名词短语研究的重要意义,全面分析了最长名词短语的分布特点,提出了两种有效的汉语最长名词短语自动识别算法:基于边界分布概率的识别算法和基于内部结构组合的识别算法,后者在边界预处理的基础上,确立基本组合成分,发现最长名词短语的右边界,并向左迭代组合,形成新的最长名词短语,取得了85.4%的正确率和82.3%的召回率。实验表明,长度大于等于5的复杂最长名词短语的识别精度比简单最长名词短语低16%。复杂最长名词短语识别精度较低的原因还值得进一步考虑。从语法上说,由于句法关系较为复杂的"的"字短语参与了部分最长名词短语的构成,也会使得识别难度增大,而这部分最长名词短语的长度也是较大的。

2006年以后,由于统计机器学习模型的应用,特别是条件随机场等序列标注模型的使用,最长名词短语识别与分析方法开始走向以统计机器学习方法为主的阶段。

根据不同的侧重,这一阶段的工作主要分为两种类型,其中一类注重于模型设计与特征选择。在周强等(2000)工作的基础上,冯冲等(2006)从机器翻译的实用目的出发,采用统计机器学习的方法(条件随机场模型)识别汉语复杂最长名词短语。模型选用了当前及左右三个位置的词和词性,及其组合形式作为特征,并提供了置信度用于人机交互。实验从训练语料中随机选取了部分语料进行测试,取得了75.4%的正确率和70.6%的召回率,并且经过人工干预,系统能够取得更好的效果。

Bai et al. (2006)提出了一种两阶段混合方法,其中第一阶段使用启发式规则识别扩展组块。扩展组块是指识别最长名词短语过程中较为确定的语块单位,包括部分基本短语、共现模式[①]、引号或者括号包含的词语、顿号包含的词语等;第二阶段使用支持向量机模型对标注了语言学特征(包括词性标记、扩展组块、标点符号分类[②])的语料进行最长名词短语识别。实验在宾州中文树库上获得了89.66%的调和平均值,与其他系统(Yin, 2005;Zhou et al., 1998)的比较实验取得了明显提升。

王月颖(2007)以正确的基本短语标注为基础,分别采用隐马尔科夫模型和条件随机场模型识别最长名词短语,并测试了{0,1}标记集和{F,I,E,O,S}标记集。实验表明,条件随机场模型的识别效果明显优于隐马尔科夫模型,{F,I,E,O,S}标记集优于{0,1}标记集,但是没有基于基本短语识别语料进行开放测试。

代翠等(2008)使用条件随机场模型以及针对开放测试语料的错误驱动[③]的后继规则修正办法识别最长名词短语。规则部分处理了漏识、固定搭配、简单并列结构等五种情况。实验基于哈工大汉语树库进行,随机抽取6330个句子做训练,1000个句子做测试,基于规则后继修正的方法具有较明显的效果。代翠(2009)采用层叠条件随机场模型对最长名词短语进行分析,分析策略与Abney的有限状态叠类似,只是每一层级上的短语由条件随机场模型而非有限状态自动机进行识别,实验取得了85.1%的分析正确率。

另一类注重于识别策略的设计和选择。钱小飞(2007)研究含"的"最长名词短语的识别问题,提出"先识别右边界,识别成果再参

[①] 共现模式指可以包含在最长名词短语或者内嵌于最长名词短语的模式,比如框式结构"在……中"。

[②] 根据标点符号在最长名词短语内外的分布比例,标点符号被分为五种类型。宾州中文树库中所有的标点符号均使用PU标记。

[③] 这里的"错误驱动"与Ramshaw et al. (1995)提出的错误驱动的方法不同,后者是一种机器学习方法,这里主要指在分析模型错误的基础上制定修正规则。

与左边界识别"的策略。文章首先使用边界分布概率识别了含"的"字短语的最长名词短语,然后识别含"的"字偏正结构的最长名词短语,并转换为句法主语和宾语的识别问题;同样采用边界分布概率识别右边界,并提出了基于搭配的左边界识别方法,实验在《人民日报》1月的语料上取得了70.42%的调和平均值。

鉴萍等(2009)认为最长短语,包括最长名词短语和介词短语,左部和右部具有不同的语言学特征,并且最长名词短语右部特征更明显。文章选择支持向量机识别最长短语,认为基于支持向量机的标注模型作为确定性模型,能够更好地利用最长名词短语的右部特征,如中心词、"的"等,指导左部边界的识别。实验表明,最长名词短语的反向扫描策略的识别效果明显优于正向扫描。文章还进一步利用双向识别的互补性,提出基于分歧点的分类器集成方法,提高了识别效果。

Zhang et al.(2010)提出了一种基于最长介词短语的最长名词短语识别方法,利用最长名词短语(MNP)和作状语的最长介词短语(MPP)的互不交叠的特性来识别 MNP,主要策略是先识别最长名词短语和最长介词短语,然后再识别最长介词短语中的最长名词短语,最后组合两个阶段的 MNP 识别结果。实验采用条件随机场模型进行识别处理,并使用{B,I,E,O}标记集,实验在宾州中文树库上获得了91.49%的调和平均值,与其他系统[①](鉴萍等,2009;代翠,2008)的比较实验也显示了较大的改进。

总体而言,统计机器学习方法目前仍然是基本名词短语和最长名词短语识别的主流方法,多分类器集成策略开始得到应用。一些研究注意到名词短语的语言学特征,这些特征在规则方法中应用广泛,但是,如何将语言学特征融入统计机器学习,设计更佳的识别分析策略,更好地将统计和规则方法结合起来,仍然值得进一步研究。

---

① 其他系统也包括这篇文章设计的另一个参照系统,该系统分别识别 MPP,然后分别识别 MPP 内部和 MPP 外部的 MNP,最后将两者组合起来。

第三节　搭配获取研究

搭配作为语言学知识，也是中文信息处理的重要基础资源。根据不同的应用目的，搭配获取任务可以分为通用搭配抽取、评价搭配抽取、复述搭配抽取等。通用搭配抽取有助于消解结构歧义，提高名词短语的识别效果，反之，名词短语识别也可以为搭配获取及关系分析提供帮助。如何高效地获取各种不同类别的搭配，将其应用于提高名词短语的识别效果，也是我们研究的重要工作。

国外较早开展了搭配获取方面的研究。搭配研究之父 Firth (1957)认为"由词之结伴可知其词"，搭配即是词的习惯性结伴使用，体现了词与词之间的相互期待(mutual expectancy)。Halliday et al. (1976)将搭配界定为"体现词项在某种显著的临近范围内组合关系的线性共现"，并且认为搭配的研究须借助于语料库的验证，从而将搭配纳入了一个可计算的范畴。Church et al. (1991)借鉴信息论中"点互信息(pointwise mutual infomation)"来评价两个词的结合能力，据以抽取搭配。Smadja(1993)的 Xtract 系统引入位置信息和相关统计信息，提出了度量词语对搭配强度的离散度计算公式，并集成了词性自动标注技术，提取搭配(术语)的准确率达到80%。

基于规则的方法和基于统计的方法在汉语搭配的获取任务中都有所应用。统计方法作为主要方法，通过各种统计量及统计模型来评估词语之间的共现机会和结合的紧密程度。常用的统计方法包括：共现频率、信息论方法(互信息、熵)以及假设检验法(t 检验、卡方检验等)。统计方法通常具有较高的召回率，规则方法具有较高的正确率。

系统性的搭配获取工作获取常常结合多种统计方法，或者将统计方法和规则方法结合起来，利用不同方法的优势取得更好的抽取效果。孙茂松等(1997)借鉴国外语言学和语料库语言学中关于搭配的研究成果,提出包括强度、离散度及尖峰三项统计指标在内的搭配定量评估体系,构造了相应的搭配判断算法,对"能力"一词的搭配抽取测试取得了33.94%的准确率。曾通(2015)使用后缀数组抽取连续型搭配,基于MapReduce框架提取远距离搭配,通过统计量的比较,认为互信息、t检验和卡方检验都有一定的不足,需要结合起来使用。林建方等(2010)提出了一种获取词频数据的新思路,利用搭配在谷歌中的页面数模拟其对应语料库的词频数,并使用共现频率、互信息、卡方检验3种统计量获取搭配,获得了优于基于语料库方法的效果。

一些研究还提出建立新的统计手段或改进已有的统计方法。曲维光等(2004)提出了一种基于框架的词语搭配抽取方法,在互信息等统计模型的支持下引入相对词序比(RRWR)、词性限定信息进行筛选,对"能力"一词的搭配抽取测试取得了84.73%的平均准确率[①]。王大亮等(2007)从词项间的倾向性出发,提出了一个基于相对条件熵的搭配倾向统计模型,衡量中心词对上下文同现词的依赖程度,通过加入语言学启发式规则,利用词性过滤器和滑动窗口的方法识别搭配边界,并证明了相对条件熵是一个由方向修正的互信息。

特定类型的搭配获取是另一项重要工作,针对一些高价值的搭配设计专门的模型进行抽取,其中动名搭配最受关注。动名搭配包括动宾搭配和定中搭配两种类型,对于确定名词短语的左边界有重要作用。王素格等(2005)提出基于互信息和信息熵融合的动宾搭配获取方法,实验表明,该方法能够达到与孙茂松等(1997)提出的定量搭配体系方法相近的效果,同时具有采用度量少、阈值容易选取等优点。由于动宾搭配是长距离依赖的搭配,一些研究引入了距离因素和语义因素。陈小荷(1999a)考虑构成搭配的可能性随距离增加而衰减,使用互信息的方法,从测试语料中直接提取动宾搭配,并将这些搭配直接用于标注,取得了70%以上的正确率。高建忠(2001)对

---

① 准确率的报告不仅与抽取方法有关,也与判断搭配的标准有关。

动词和抽象名词宾语进行了自动识别,提出"匹配＋语义限制"模型和"匹配＋词语相似度"计算模型,实验证明两者各有优劣。

复杂特征和结构因素也是动名搭配获取考虑的内容。赵军等(1999a)提出了基于复杂特征的 VN 结构[①]模板获取模型,考虑词性子类,音节数,《同义词词林》义类大类、中类和小类等特征,首先用统计决策树模型生长动词分类树,然后用最小描述长度原则对分类树剪枝,最后由动词分类树推导 VN 结构模板。实验利用结构模板进行 VN 结构的识别,以区分 VN 结构和非 VN 结构,取得了高于基于义类和极大似然估计原则模型的精确率和召回率。王霞(2005)提出了一个基于 VN 结构概率、韵律搭配概率和跨度搭配概率的组合模型,识别了汉语中的动宾搭配,取得了 81% 的正确率。这些研究表明,在模型中加入多种特征和结构因素能够有效地提高搭配抽取的效果。

动动搭配的抽取也受到重视,其中包含了较多的动宾搭配、动补搭配、连谓搭配等(由丽萍,2003),对于识别以谓词为中心的名词短语和起始于动词的名词短语有一定的价值。由于内部结构的多样性和分布的复杂性,动动搭配的抽取常常将统计方法和规则方法结合起来。由丽萍(2003)先使用上下文有关规则和上下文无关规则进行识别,规则无法覆盖的搭配使用搭配强度、离散度和尖峰等统计指标进行识别。王素格等(2003)通过从平衡语料库中自动抽取的实例归纳上下文有关规则和上下文无关规则,并采用统计与规则相结合的方法获取动动搭配。白妙青等(2004)提出了跨度搭配概率的统计计算模型,并通过动词－动词搭配的否定规则和肯定规则对概率模块进行否决和确认,取得了 75% 的正确率和 64% 的召回率。

可见,搭配获取的经典方法以基于统计的方法(Church,1991;Smadja,1993;孙茂松等,1997)为主,可以广泛地抽取搭配,部分研究结合了局部上下文规则的方法,以提高抽取的准确率。徐润华等

---

① 这里的 VN 结构是指动名偏正结构。

(2012)、胡韧奋等(2019)进一步引入句法分析,结合统计方法提高了准确率。从技术上讲,引入句法分析是一种有效的搭配抽取方法,但往往需要更大的语料,因为目前汉语句法分析的效果还不够理想,错误的分析结果会带来更加稀疏的搭配数据。

第三章
理论基础与最长名词短语的界定

第一节 汉语短语的分类框架

本研究是在词组本位的语法体系下进行的。采用该语法体系是因为,一方面在句法语义层面,该体系相当严密而系统地阐述了汉语词组的组织机制(詹卫东,1999a);另一方面,该体系的功能分类机制及层次分析法可以方便地与短语结构文法形成接口,大量标注语料库据此建立,可以满足基于语料库的研究需求。

短语,又称词组①,通常是由两个或两个以上的词按照一定的语法规则构成的语法单位,是自然语言中介于词和句子之间的语言成分。区别于词,通常意义上的短语由多个词组合而成②;区别于句子,短语不带语调。

汉语语法学界对于短语的分类主要从结构和功能两个方面进行。在语言本体的研究中,结构类及其内部关系受到较多的关注,而在自然语言处理任务中,功能类的识别也成为研究热点。

最长名词短语主要是从功能类角度提出的概念,鉴于功能类主

---

① 字面上,"词组"侧重于从内部构成的角度描述短语,由词组合而成;而"短语"则偏重于功能描述,强调该语言单位的整体性。

② 另一种观点认为,短语也包含单词结构,详情参见第三节中"最长名词短语的定义"部分。

要是基于结构类导出概念——句法功能进行的分类①,并且结构特征也是功能类界定的参考特征,本章对结构分类框架也予以介绍,这些介绍同时作为后文讨论的基础。

一、结构分类框架

短语,或者说词组,在汉语语法体系中位于枢纽的地位。汉语的词、短语和句子的构造方式极其类似,特别是句子结构和短语结构的构造原则基本一致,几乎所有短语类型经过一定的实例化,并加上语调,都可以实现为句子。

在词组本位语法体系的关照下,一些学者描述了现代汉语的句法结构系统。在本体语言学领域,周国光(2006)以向心结构理论为基础归纳了汉语句法结构系统的概况,清楚地展示了该系统的构造层次,划分了12种终端短语结构类型。作为对前人成果的总结,该研究没有考虑对功能分类的影响以及工程应用因素,结构类的设置和取舍、颗粒度的大小带有一定的专家导向。

在中文信息处理领域,作为功能类划分的基础,詹卫东(1999a)设定了9种基本的短语结构类型,包括主谓结构、述宾结构、述补结构、定中结构、状中结构、联合结构、连谓结构、附加结构、"的"字结构,并指出结构类型的数量不是封闭的,基本结构类型向外可以扩展,如"所"字结构、重叠结构;向内可以细化,如组合式述补结构、黏合式述补结构。根据该研究,9种基本结构类型已基本能够满足典型功能类的划分。

周强(2004)归纳了27种句法关系,包括16种单句句法结构类型,用以标注大规模真实语料库(TCT树库)。较上述基本结构类型,单句结构类型增加了重叠结构、介宾结构、方位结构、兼语结构、框式结构、顺序结构、标号结构、缺省结构8种结构类型,但撤销了

---

① 詹卫东(1999a)指出,词组本位语法体系以抽象的句法结构为研究对象,并以结构类型作为整个语法体系的基础。

"的"字结构,将其作为附加结构的一种。该分类更细致、充分地考虑到语料的复杂性,比如设置了缺省结构类型,收录难以归类的结构关系,工程上有利于处理大规模复杂语料。

短语结构分类作为一种先验设计,不同的研究者,根据不同的研究目的,可能会作不同方式、不同颗粒度的划分,但大部分基本结构类型受到一致认可。短语功能类的划分建立在结构类设计的基础上,詹卫东(1999a)的基本结构类别框架已经能够满足常见短语功能类划分的需要,包括界定出名词性短语。本书的研究在 TCT 树库的基础上进行,主要采纳周强(2004)的结构分类体系,根据最长名词短语研究的需要,设定其中 9 种常见结构作为基本结构类型(表 3-1),形成结构考察框架,并对该体系中少数实例的结构关系认定进行修订。

表 3-1 基本结构类型

结构名称	结构名称
定中结构	介宾结构
状中结构	附加结构
动宾结构	联合结构
主谓结构	方位结构
述补结构	—

二、功能分类框架

短语功能类是按照句法功能对短语进行的分类。功能类的划分(分类)有两层意思,一是功能分类标准的认定,二是在此基础上短语实例的功能类认定。本节中,我们约定,单指前者时,称为"划分";单指后者时,称为"分类"。

功能分类框架由两个部分组成:功能划分标准集和分类功能集。分类功能集用于功能类分类的句法功能,主要由先验的基本结构类导出,如主谓结构导出主语和谓语两个基本功能,称为基本导出功能。少数功能可由非基本结构类导出,甚至由变换特征充任,称为扩展功能。一些功能在判断实例分类可起决断性作用,称为关键功能。扩展功能常作关键功能。

功能划分标准与分类功能集的取值相互映射,形成功能分类矩阵(框架)。假设功能划分标准集中存在 n 种短语功能类:PFC_1,…,PFC_i,…,PFC_n;分类功能集中存在 m 种句法功能:SF_1,…,SF_k,…,SF_m。功能分类框架模型表示如下(表3-2)。

表3-2 功能分类框架模型

短语功能类	分类功能											
	基本导出功能					扩展功能						
	SF_1	SF_2	…	SF_j	…	SF_{k-1}	SF_k	SF_{k+1}	…	SF_l	…	SF_m
PFC_1	val	val	val	val	val	val	val	val	val	val	val*	val
PFC_2	val	val	val	val*	val	val	val	val*	val	val	val	val
…	val	val	val	val	val	val	val	val*	val	val	val*	
PFC_i	val	val	val	val	val	val	val	val	val*	val	val	
…	val	val	val	val	val	val	val*	val	val	val*	val	
PFC_n	val	val	val	val	val	val	val	val	val	val	val	

val 的取值可以为 0 或 1。0 表示 PFC_j 不能或一般不实现功能 SF_i,1 表示 PFC_j 可以或经常实现功能 SF_i,$i\in[1,m]$,$j\in[1,n]$。* 号标识的是关键功能。

在按照分类功能进行分类之前,研究者已经对短语功能类进行了先验的预划分,如名词性短语、动词性短语。根据功能类的预划分和分类功能集,可以设计或归纳每种功能类的典型功能集[①],从而得到功能分类框架。在进行实例分类时,利用功能类与短语实例的功能集对应关系,就能实现短语实例的句法功能分类。

然而,严格按照典型功能分类会导致部分非典型实例的分类无法进行。为了让短语实例在某功能类上的典型功能缺损或冗余时,仍有可能归入相应功能类,一般采用指定关键功能的方法。关键功

---

① 大部分研究中,典型句法功能集是根据专家内省的方式确定的。

能在判断实例分类时起决断性作用①。

利用功能分类框架,詹卫东(1999a)界定了 10 种短语功能类型,包括单句型短语、名词性短语、动词性短语、形容词性短语、副词性短语、介词性短语、处所词性短语、时间词性短语、数量短语、数词短语。

周强(2004)界定了 16 种句法成分,包括 11 种短语功能类型,区分出区别词短语。该研究结合了层次化的关键功能划分方式,更多地利用了扩展功能,特别是内部结构特征,如动词短语和形容词短语的中心词特征。

陈锋等(2008)以 6 种基本结构扩展得到 11 种句法功能为框架,对 TCT 树库的 11 种功能类的语法功能进行定量分析。研究表明,功能类在语料中的功能分布与内省的结论(詹卫东,1999a)存在一定差异,比如,后者认为处所词性短语的典型功能是充当动词宾语,而统计表明,它充当介宾语的比例更高。

根据研究需要,我们按照上文的功能分类框架模型对 TCT 树库中的短语功能类型进行再组织。首先从表 3-3 中选取 6 种基本结构,扩展出 11 项基本功能。

表 3-3 基本结构的导出功能

基本结构	导出功能	
主谓结构	主语	谓语
述宾结构	述语 1	述宾语
述补结构	述语 2	补语
介宾结构	-	介宾语
定中结构	定语	中心语 1
状中结构	状语	中心语 2

根据基本结构确定的分类功能,并参考陈锋等(2008)基于 TCT 的短语功能类的语法功能统计,句法功能分类模型实例化如下(表 3-4)。

---

① 关键功能的选择可以是任意而不成体系的,这给分类带来了不确定因素。

表 3-4 句法功能分类框架

短语功能类	基本导出功能										
	SF_1	SF_2	SF_3	SF_4	SF_5	SF_6	SF_7	SF_8	SF_9	SF_{10}	SF_{11}
单句型短语				+				+			+
名词短语	+			+			+	+	+		
动词短语		+	+								+
形容词短语		+						+			+
区别词短语								+			
副词短语										+	
介词短语								+		+	
时间词短语	+						+	+	+	+	
处所词短语	+			+			+	+			
数量短语				+				+			
数词短语								+			

其中,加号表示典型功能,其他为非典型功能。SF = { SF_1:主语, SF_2:谓语, SF_3:述语1, SF_4:述宾语, SF_5:述语2, SF_6:补语, SF_7:介宾语, SF_8:定语, SF_9:中心语1, SF_{10}:状语, SF_{11}:中心语2 }。

最长名词短语涉及名词短语的概念,主要隶属于该体系中名词(性)短语的功能范畴,是名词(性)短语的动态类型。

第二节 语言组块理论

从名称看,"最长名词短语"不仅标识了作为"名词短语"或"名词性短语"的句法功能属性,也表达了"最长"的线性特征,它是计算语言学家在研究浅层句法分析问题时所提出的特定概念。而浅层句法分析,又称部分句法分析或组块分析,受益于心理学领域关于组块研究的启示。

一、传统句法分析的隐含假设

句法分析的目的是要揭示出句子线性表面之下的层次构造。自动句法分析方法通常建立在乔姆斯基形式主义文法，特别是上下文无关文法的基础上。无论是自底向上，还是自顶向下的策略，传统的剖析方法，一般都以词类为基础单位，试图通过线性递进的方式完成整个句子的分析过程。

乔姆斯基的形式文法是对句法装置的模拟。传统的自动分析过程也隐含了模拟人类分析过程的三种假设：

一是基础单位假设：句法分析的基础单位是词或词类。所有大于词类的句法结构和句法关系的识别都是利用句法规则（乔姆斯基范式）在线分析完成的。

二是缓决策假设[1]：当前句法成分所处的句法位置需要在整个句子分析完成的基础上决定。遇到分析歧义时，当前句法成分使用堆栈结构存储在短时记忆中。

三是线性扫描假设：按照时间顺序[2]，以线性递进的方式识别句法范畴，并分析句子，暂时无法组合的句法成分，使用堆栈结构存储在短时记忆中。

从机器分析的角度看，三种隐含的假设常常导致分析过程的深度递归和大量的回溯与无效分析。实践证明，句法分析器的性能改善常常与"向前看"策略和模式的记忆有关，如 LR(1)算法较之于 LR(0)算法向前多看了一个词类符号，线图分析算法在每一个时间点上记忆了所有可能的分析状态，在进一步的分析过程中，这些分析状态，包括成功分析的子树作为记忆中的模式可以直接利用。

---

[1] 心理语言学界关于句子加工有两种观点：即时加工原则和缓决策方法。即时加工原则认为人们看到一个词就会决定这个词放在哪一个句法位置。即时加工可以减轻记忆负担，但是可能导致错误的语法分析。

[2] 机器分析中会出现逆向扫描形式，只是作为一种技术手段，仍然是线性递进扫描。

从分析的角度看,这三种隐含假设也有值得商榷的地方。首先,按照传统的句法分析方法,一个较长的词类序列,计算机能剖析出多个结果,人在合理的时间内却可能无法作出分析,但在某些情况下,较长的词类序列并不一定比简单的词类序列更难分析,如例1,其中"le"表示结构助词"了"。

例1 a n n v n n v l e n n.①

首先,判断该例的最外层句法关系,计算机可能要经历复杂的分析过程,而语言学专家一眼就能作出结论。我们认为人们能够进行快速句法分析不仅是因为利用了更多的附加信息,如词形、语义、语用信息,分析方式同样是一个重要的因素。

其次,如果说句法分析的基础单位是词类,大于词类的所有句法单位都需要经过在线分析,则句法分析过程需要辨识大量的歧义,同时,缓决策和线性扫描假设会增加短时记忆的负担。而短时记忆的容量十分有限,仅仅具备 7±2 个记忆单元,难以胜任复杂句子的下推存储数据量。

再次,句法分析的过程通常被看作语言生成的逆过程。一些证据表明,语言生成虽然具有顺序表象,但有可能是一种并行程序。比如,有时候人们会发生将单词主宾语倒置的语义错误。

最后,从分析实践看,人们在分析复杂句子的过程中不仅存在回溯分析机制,而且存在线性判别机制。如某些情况下,直接利用长距离动宾搭配关系识别名词短语的左边界可能比线性递进分析更有效。

这些质疑和证据表明,人们在分析和理解句子的过程中,可能同时采用了另一种更加高效的方式。

二、组块与模板理论

组块(化)(chunking)是信息加工研究中的重要概念,由美国著

---

① 该例为通过内省的方式举出的例子,其中 vn 表示名动词,le 表示助词"了"。

名心理学家 Miller 于 1956 年提出,表示一种信息加工过程。作为其结果,组块(chunk)是较"比特"更大的信息加工单位,指一组相互联系紧密,但与其他组块成员联系较弱的元素的组合(collection)。组块化就是将相关元素重新编码,形成组块的过程。

组块在短时记忆(STM)中形成,经过反复呈现可进入长时记忆(LTM),进行认知活动时经由短时记忆提取,并与短时记忆互动。它具有以下三个重要特征:

一是动态性。再编码的过程与主体知识经验密切相关,对于同一组材料,经验不同的主体可能做出不同的组块划分。如固定短语"in the way of",对于英语初学者来说,可能包含了 4 个组块,但是对于英语母语者而言,通常只包含 1 个组块,理解这一组块只需从长时记忆中提取该组块。当然,初学者经过学习,也可以完成组块化过程,形成一个组块。

二是扩容性。Miller(1956)的研究表明,人的短时记忆存在很大限制,通常可以存储 7±2 个组块。尽管短时记忆的容量一般不会增加,但是经过重新编码,单个组块所包含的比特信息量可以得到扩充,从而打破短时记忆的瓶颈。

三是相对自主性。组块是内部元素联系紧密的处理单元,这些元素与其他组块中的元素联系较弱。在组块序列中,组块之间相对独立,其元素的线性序列常表现出可识别特征。如在序列"v 了/u m qN n"中,动词块"v 了/u"和最长名词块"m qN n"在中心词等方面表现出明显的区别特征。

扩容性的实现方式也是关系组块识别的重要问题。Chase et al. (1982)的研究表明,经过适当的训练,受试可以在自身经验的基础上,以层次构造的方式学习数字组块。Gobet et al. (1996)则进一步提出模板(template)理论,认为在学习任务中,长时记忆中组块得到激活,重新编码,可以形成更大的组块,即模板;而在识别任务中,长时记忆中模板的访问主要依据模板成员的一些特征。模板是有结构的复杂组块,其中存在一系列的槽(slot),可以由各种信息,如组块等变量填充,极大地扩展了模板的容量。

模板理论是组块理论的扩展,沟通了低级认知层面和高级认知层面。模板正是认知心理学及人工智能领域所熟知的"图式""框架""原型"等概念,语言学领域对应于意象图式、事件框架。

三、隐含假设的检验

组块化过程在语言理解中广泛地存在。组块的策略以及对长时记忆的利用对于提高组块效率有很大影响。在线句法分析也是一种组块过程,它更多地利用词汇语义知识和句法规则进行无优先顺序的组块。然而,长时记忆中语言知识的颗粒度并不是单一的,组块的策略也不仅是基于句法规则的递进分析,经验知识和优先分析机制也发挥了很大的作用。

在词汇层面,常见的词语经过反复学习,作为基础单位存储在长时记忆中。在词语识别的时候,人们主要不是利用存储在大脑中的字母或汉字在线组织概念[1],而是根据短时记忆中的相关线索提取。中文信息处理的分词任务并没有采用以字为基础单位,基于规则的在线分析方法分析词语的内部构造,而通常以词为基础单位直接匹配词表,正是对经验知识的应用。

在短语层面,词语组合经过学习[2],内部联系得到增强,也可以形成组块,或进一步进入长时记忆。在句法分析的时候,组块予以优先识别[3]或从长时记忆中提取。在本体语言学界,无标记的短语,如名词性"ⅴ n n"结构,被一些语言学家看作词汇单位,说明短语单位和词汇单位之间存在大量的接口,诸如"反/v 腐败/n 斗争/vN"的组块很可能与词汇单位的识别方式类似。而在心理语言学界,言语的行为结构(performance structure)使用阅读时间间隔验证,表明在语

---

[1] 遇到未登录词时,人们根据词语的内部构造以及上下文猜测词语的意义,内部构造分析是在线分析过程。

[2] 比如,在句法规则或上下文的帮助下建立概念之间的联系。

[3] 这里的"识别"是指在短时记忆中组块的过程。

言分析中,组块很可能被优先识别,然后再进入线性递进分析的过程。Abney(1991a,1991b,1992)从句法角度定义组块的概念,明确指出组块是句法的基础单位。

根据心理学进一步的研究成果,长时记忆存储的组块甚至可以抽象为一定的模板,如"[slot1] 的/u [slot2]",其中的槽(slot)可以由相关短语,如 baseNP 填充。而对于专家,组块也可以在词类序列①的基础上建立,如"a u n"常常形成一个名词短语。与分词任务不同,传统的自动句法分析几乎完全放弃了对大颗粒度组块或模板的应用。

反观传统句法分析的三个隐含假设可以发现,在组块理论的关照下,人们对句子的分析过程似乎并不尽如传统句法分析那样,严格地以词为基本单位,以线性递进的方式进行在线分析,而是在线性扫描和在线分析的过程中,优先对组块或模板进行识别;或者先对整个句子进行组块识别,再对组块的内部结构以及组块之间的关系进行线性扫描和在线分析;乃至,在特定的任务中,直接寻找组块或者框架的线索,应用组块或框架进行短语识别。再举两个例子。

例2　她/rN 热爱/v 自己/rN 的/u 工作/n,/,

例3　周/nP 总理/n 总结/v 父亲/n 一生/n 认为/v 有/v 三/m 大/a 贡献/n :/: 一/m 是/vC 发现/v 毛泽东/nP 同志/n 为/vC 中国/nS 有用/a 人才/n 之/u 第/m 一/m 人/n ;/; 二/m 是/vC 建/v 党/n 初期/t,/,支持/v 党/n 的/u 活动/n,/,营救/v 党/n 的/u 领袖/n;/; 三/m 是/vC 晚年/t 参加/v 反/v 蒋/nP 斗争/vN,/,…。/。

如果长时记忆中不存在"[slot1] 的/u [slot2]"模板,"rN u n"也无法得到优先组块,例 2 必须经过完整的在线分析。反之,则可以快速进行组块匹配或组块识别并激活模板,进而将组块载入模板,完

---

① 相对于实例组块而言,词类序列也可以看作一种模板,每个词类位置都可以被相应的词语填充。

成理解过程。例3演示了一个例举句式,当阅读者发现"三/m 大/a"、"一/m 是/vC"这样的线索信息时,就可以改变线性扫描的方式,引入例举框架,掌握句子的基本结构,进一步的分析可以在框架内部进行。可见,基于组块的句法分析更具认知经济性。

四、语言组块的界定

语言组块是以语言材料为对象的组块类型。我们从结构性扩容的角度把语言组块分为两种:基础块是内部联系紧密的非递归语言组块,一般长度较短,结构简单,更容易组块化;扩充块是由基础块填充槽的语言模板,在语言中也广泛存在。语言组块表现出以下三个特征:

第一,天然指向相关概念。概念化通常是组块形成的重要过程。心理学研究表明,数字序列或棋局常常被受试者人为划分并赋予个人经验中的概念,因此,对于相同的数字序列,不同的人可能作不同的组块划分。然而,语言具有社会性,相同语言形式的意义基本相同,因此语言组块特别是词汇形式的组块,天生就表达了相应的概念,一般不需借助外部经验进行理解和存储。

第二,组块过程受语言结构的约束。数字序列的组块常常是人为划分的,但是语言组块的过程却受到语言结构的制约。组块的对象必须是言语(句子)中的合法短语、韵律或语义结构等。

第三,组块的结果通常是语言学类别。如按照短语功能类别分为名词块、动词块、形容词块等,按照句法功能分为主语块、宾语块、状语块等。大多数最长名词短语是归属于名词块的组块类别。

五、语言组块的类型

研究者对言语行为结构进行不同角度的解释,形成了不同的组块类型,如韵律角度的 φ-phrases 和句法层面的基本块。自然语言处理学界对组块的概念进行了扩展,发展出更多的应用组块类型。表3-5从定义角度选取了9组有代表性的研究,从多个角度进行了考察。

表 3-5 组块定义的对比

作者	时间	参数			
		组块类型	面向领域	递归性①	词语覆盖
Abney	1991	句法块②(基本块)	通用	非递归③	非全面
周强	2001	句法块(基本块)	通用	非递归	非全面
李素建	2002	句法块(基本块)	通用	非递归	全面
刘芳	2000	句法块	通用	递归	非全面
赵军	1998	句法块(baseNP)	通用	非递归	—
代翠	2008	句法块(MNP)	通用	非递归	—
周强	2007	功能块	通用	非递归	穷尽实词
陈亿	2008	功能块	通用	递归	穷尽实词
吕学强	2002	语义块④(E-Chunk)	机器翻译	递归	非全面

基本块的定义通常有较好的语言学基础。英语方面,组块(Abney,1991b)有着非常严格的定义⑤和理论解释⑥,这得益于英语丰富的形态标记。汉语由于缺乏形态标记,基本块主要从内部结构的角度定义(周强,2007)。

功能块、语义块是对组块概念的应用扩展,通常还缺少深入的理

---

① 递归性是指单个组块不能包含其他组块,但可以包含一般短语,如"the red wood house"中"wood house"就是名词短语。

② 这里的句法块是指短语的功能类别块,区别于功能块。两者都是在句法领域内划分出来组块。

③ Abney(1996)认为组块有级别,高层次组块由低层次组块构成,但强调通常所说的组块是最大组块。

④ E-Chunk 基于语义定义,是具有语义唯一性的语言块,我们把它归入语义块。

⑤ Abney(1991b)认为,组块 C 是句法树 T 的一棵子树 T_C,C 的根节点 r 是语义核心(s-head)为主核心(major head)的最高层节点,组块就是由 r 统治,且不包含其他组块根节点的 T 的最大子图。主核心是指所有内容词,但不包含位于功能词(function word)和其所选择的内容词(content word)之间的内容词。

⑥ Abney(1992)利用句法块解释言语行为结构,提出三组假设:(1)从句、组块和词语边界的阅读停顿依次递减;(2)强依存关系弱化了相邻组块及从句之间的停顿;(3)语音弱化的组块附着于相邻组块。

论探讨。短语与组块的区分也是界定的模糊地带,由于汉语少有形态标记,组块界定的可用约束较少,组块常常不仅相互嵌套,内部结构也更为复杂,乃至与短语等同。

我们认为,在自然语言理解领域,确定组块概念的外延可以从两个方面考虑:一是借鉴认知心理学和认知语言学的研究成果,模拟人的理解过程;二是从实用的角度考虑,提高识别和分析效果。

首先,Abney(1991b)引入的组块概念涉及低级认知层面的操作;而高级认知层面的知识,如模板、框架、图式不仅有心理学证据,也被证实在语言认知中发挥了重要作用。模板在组块分析中已经有所应用。表3-5显示了递归组块、扩展块也逐步被学者提出;Abney(1991b)在内嵌于LR算法的系联(attacher)分析部分[①],也明确使用了框架的概念,其分析思想与策略,与传统句法分析迥然不同。因此,引入模板概念有利于组块分析的发展。

其次,在言语行为结构的研究中,存在句法结构和韵律结构的争论。语言组块受到语言结构的约束,但是具体形式是韵律的、句法的、语义的,或兼而有之,值得深入研究。从实用的角度考虑,可以将三者都纳入广义组块范畴。

再次,根据动态性特征,复杂短语类型也有可能构成组块。越是简单、高频的短语成为组块的可能性越高;反之,成为组块的可能性越低。但是,复杂短语还可能是由简单组块构造的模板。因此,组块的认定需要针对具体问题做具体分析,但不宜将组块与短语或者句子的概念完全等同。

根据以上理解,我们把句法块、功能块、语义块,以及具有复杂结构的句法组块称为广义组块,把由Abney(1991b)发展而来的组块称为句法基本块,具有模板结构的句法组块称为句法扩展块。基本块和扩展块可称为狭义组块,是基础块和扩充块在句法层面的一种

---

① 系联分析器优先为组块的中心词寻找补足语(complementers),如动词的论元,然后再返回LR分析过程。

表现形式。

六、浅层句法分析

浅层句法分析,又称部分句法分析,通常包括组块分析和小句识别等任务①。浅层句法分析是与完全句法分析相对的概念,根据上文组块的论述,它包括句法组块分析和复杂结构分析两项内容(图3-1)。句法组块分析又包括基本块分析和扩展块分析。基本块分析针对非递归组块进行识别和分析。扩展块分析主要是模板的识别与分析。复杂结构分析,识别一些难以归入狭义组块的句法组块,如小句。

浅层句法分析是分析思想的创新,表现为分析策略的改进,如对传统句法分析隐含假设的改进。我们从五个方面理解浅层句法分析的含义。

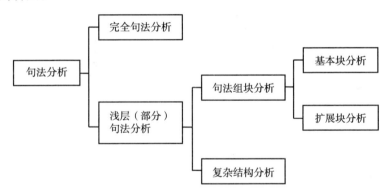

图3-1 浅层句法分析的概念定位

从分析思想看,浅层句法分析意在化解完全句法分析的复杂性,特别是底层结构歧义。组块定义在考虑心理现实性的同时,遵循两个原则:最大化原则,保证充分包容歧义,降低进一步分析难度;高识

---

① Abney(1991a,1992)对组块与小句作了明确的区分;Molina et al.(2002)则将组块分析与小句识别的任务并列纳入浅层句法分析的范畴。

别率原则,保证充分化解底层歧义。

从理论依据看,浅层句法分析思想源于言语行为结构的研究,是心理学领域组块理论的应用。将组块及模板理论引入自动句法分析,不仅可以加深对语言组块的理解,也能与扩展组块(E-Chunk)的认识更好地契合。

从任务设定看,浅层句法分析包括语块识别和语块内部结构分析两个子任务。语块间关系的识别和完整句法分析树的构造可以称之为"基于组块的分析"或"基于浅层句法分析的分析"。

从分析技术看,浅层句法分析领域多种分析技术并存(孙宏林等,2000)。通常转化为边界分类问题,使用统计机器学习模型进行分析,或者采用规则的方法进行模式匹配,也可以基于传统句法分析算法,如 LR 算法进行改进。

从分析结果看,浅层句法分析的分析结果并不是一棵完整的句法分析树,而是完整句法分析树的子图。

本书所研究的最长名词短语识别问题是浅层句法分析的子任务,我们把它定位为以基本块和扩展块分析为主、复杂结构[①]分析为辅的识别任务。

第三节 最长名词短语的界定

上文论述了词组本位理论关照下的短语的结构分类和功能分类体系,组块理论以及语言组块界定的相关问题,大致明确了最长名词短语主要是一种短语功能类型,大多数最长名词短语由句法基本块和扩展块构成,是一种广义的语言组块。在此基础上,本节将进一步给出最长名词短语的界定及其操作规范。

---

① 这里所说的"复杂结构"是指不包含基本块和扩展块的结构,与第四章第四节中"复杂最长名词短语"的"复杂"概念并不完全等同。后者包括了扩展块。

一、前人的界定

最长名词短语的概念最早来源于台湾学者 Chen et al. (1994)对于英语名词短语的分类,他从递归性的角度区分了三种名词短语:最短名词短语、最长名词短语和普通名词短语。最短名词短语(mNP, minmal noun phrase)是不包含其他名词短语的名词短语。最长名词短语(MNP, maximal noun phrase)是不被其他名词短语包含的名词短语。普通名词短语(NP, ordinary noun phrase)是不具有任何限制的名词短语。例4包含了3个最短名词短语、1个最长名词短语和5个普通名词短语。

例4 [[[a black badge] of [frayed respectability]] that ought never to have left [his neck]]

例5 [Too_QL many_AP people_NNS] think_VB that_CS [the_ATI primary_JJ purpose_NN of_IN a_AT higher_JJR education_NN] is_BEZ to_TO help_VB [you_PP2] make_VB [a_AT living_NN] + ;_;^①

周强等(2000)在研究汉语最长名词短语时,从组成结构(递归性)的角度对名词短语重新进行了分类,包括最短名词短语(mNP)、最长名词短语(MNP)和一般名词短语(GNP, general noun phrase)。其中,最短名词短语是"不包含其他任何名词短语的名词短语",最长名词短语是"不被其他任何名词短语所包含的名词短语",一般名词短语则是"所有不是 mNP 和 MNP 的名词短语"。周强等(2000)没有对 mNP 和 GNP 作进一步的例示或说明。但是,最长名词短语可以从所举例句中一窥其貌:

例6 {MNP 我/r 爸爸/n} 会/v 做/v 书架/n,/w {MNP 这个/

---

① 例4、5均来自 Chen et al. (1994),例5是可应用名词短语(ANP, applicable noun phrases),即剔除从句和介词短语(of-短语除外)的最长名词短语,在本例中,均是最长名词短语。例4取自文中例证,例5取自文后识别结果示例,格式有所不同。

r 书架/n } 是/v { MNP 爸爸/n 去年/t 做/v 的/u } 。/w

字面上,Chen et al.(1994)与周强(2000)关于最短名词短语和最长名词短语的概念界定基本一致。但是,实际的例示却不一致,至少可以观察到两点不同:

(1) 例5的英语最长名词短语包含了单词结构"you",而例6的汉语最长名词短语则没有包含第一个"书架"。

(2) 例4、5表明,英语最短名词短语不仅包含单词结构,还包含多词结构。将上文mNP的界定应用于汉语,则不可能包含三词及以上的多词结构。

这些差异并不仅仅是技术规定上的差别,而在很大程度上来源于语言特点及理论背景的差异①。

Koehn et al.(2003)提出了一种面向机器翻译的最长名词短语界定方案:给定一个句子s和它的句法分析树t,一个名词短语是t的一棵子树,它至少包含一个名词而不包含动词,并且不被更大的包含名词并且不包含动词的子树包含。显然,汉语动词可直接充当名词短语的定语,故这种界定方案并不适合汉语。此外,领域应用目的也决定了该界定方案具有选择性,如将一些复杂结构,如that引导的定语从句排除在外。

有关最长名词短语的其他研究,在外文领域大都没有给出明确的定义,并且带有明显的领域倾向性。如Bourigault(1992)以术语抽取为目的,将起始限定词、名词性成分前的起始修饰语排除在外,而Voutilainen(1993)则将起始限定词、that从句排除在外;在中文领域,一些研究未给出明确定义(李文捷等,1995),而多数研究沿用周强等(2000)的字面界定(冯冲等,2006;王月颖,2007;代翠等,2008)。

在以往研究中,最长名词短语的界定大都侧重于名词短语递归性的考量,而将"名词短语"作为默认理解项,未能给予足够的关注,

---

① 这一点将在第三节的"最长名词短语的定义"部分加以具体说明。

以致于一些研究对最长名词短语具体包括哪些内容未作详细交代(代翠等,2008,2009),甚至在很大程度上将最长名词短语的实际概念交与树库框定,树库标注体系不同,最长名词短语的外延也不同[①]。事实上,汉语最长名词短语的概念有很多问题值得说明,比如,它是从纯粹功能上定义的,还是需要兼顾结构;它是否包含离心式名词性短语;它与时间短语、处所短语和方位短语等邻近范畴的关系如何划分等。

二、最长名词短语的定义

鉴于前人研究中的一些问题,本小节从界定短语、名词短语开始逐层阐释最长名词短语的概念,并阐明相关问题。

(一) 短语

词组本位的语法体系将短语等同于词组,认为短语是"意义上和语法上能搭配而没有句调的一组词,所以又叫词组",是"大于词而又不成句的语法单位"(黄伯荣等,1997);而词组是词和词的组合,"最简单的词组是由两个词组成的"(朱德熙,1982),句子则是由词组实现的(朱德熙,1985)。短语和词组等价,词组界定侧重于内部结构,以及形成结构需要两个词汇单位等观念,正是以往汉语最长名词短语界定不包含单词结构的传统来源。然而,在词组本位的语法体系下,仍然存在单词直接实现为短语的说法(詹卫东,1999a)[②]。

在英语语言学中,短语定义的结构和功能都受到重视,对于长度却没有特别要求。传统英语语言学认为短语是与词功能相近的一组词,具体的短语类型常常满足一定的结构形式标准,如名词短语一般由"限定词+前置修饰成分+中心语+后置修饰成分"构成。短语可以递归包含,但是一个完整短语是该结构标准形式的最大匹配,因此

[①] 王月颖(2007)基于宾州中文树库工作,其最长名词短语(示例)包含了时间短语、地点短语和单词结构,与宾州树库将时间短语、地点短语及单词结构标注为 NP 一致。

[②] 詹卫东(1999a)提到,"除 dj 外,其他短语都可以由词直接实现得到",第 30 页。

短语可以只包含一个单词,如名词短语只有中心词是强制成分。在生成语法中,一方面存在诸如 XP->X 的形式规则,另一方面,短语的核心由功能语类充当,表明长度也并非短语界定的关键标准。认知语法研究(Langacker,1991)则明确指出,长度(size)并不能从本质上区分名词和名词性短语,一些名词性短语也可以由单词实现,名词和名词性结构是型和例的关系。

包含单词结构的短语定义也有一定的实践意义,如在句法分析的过程中,主宾语位置上的单词结构在与短语标记共现时常常事先被归约为短语标记,再与共现的短语标记归约为更大的短语,简化了句法规则。

但是,缺乏约束地包含单词结构会导致短语概念的过度泛化,特别是对汉语这样缺乏形式标记的语言,如"中国 北京"可能被分析为由两个单词 NP 构成的名词短语。因此,我们综合考虑短语的句法功能和结构因素,并采用基本块的最大化原则来限制单词结构的扩张,只有是基本块的单词结构才被看作短语。

我们把短语(phrase)界定为一种语言结构和功能单位,实例化为由一个词语实现的,或者由线性相邻的多个词语按照一定的句法结构规则组合或递归构造而形成的可实现一定句法功能的言语成分,通常满足一定的语义解释。我们认为,短语的最小单位是句法组块(基本块),这不仅具有心理学上的依据,也能很好地解释为什么并非句子中的每个词都能独立为短语。

实例化的短语进一步划分为静态短语和动态短语。静态短语是指孤立于句子而言的词语序列,它可实现一定的句法功能,只包含多词结构;动态短语是指句子中的实际承担一定句法功能的短语,可包含基本块意义上的单词结构。显然,最长名词短语是一种动态短语类型。

短语的两个重要属性是:满足一定的内部结构关系;可实现一定的句法功能。不同的短语分类体系凸显短语的不同属性,如短语结构分类体系凸显短语的内部结构关系,而功能分类体系则凸显短语的句法功能特征。

(二) 名词短语

1. 名词

界定名词短语,首先对名词要有一个清晰的定位。名词和动词是大多数语言都存在的两种词类。名词是一个开放的词类,其类别依据句法功能而划分。在英语中,典型的功能如充当论元,作小句或句子的主语,作动词或介词的宾语,等等。在汉语中,名词可以作主语、宾语、定语,但一般不能被副词直接修饰。汉语名词可以划分为多个小类,包括普通名词、时间词、地点词、处所词、方位词等。尽管汉语研究常常将时间词、处所词、方位词独立地划分出来,甚至在短语层面形成相应的短语功能或结构类型,但在本研究的定义中,为了覆盖更多的论元成分,名词原则上采用较广的定义,包含以上五种小类。考虑到语法学界对方位词的分类存在争议,我们持审慎的态度,在其实现为名词短语的过程中给予严格的约束。

2. 名词短语与名词性短语

一般说来,名词短语(ONP, ordinary noun phrase)是从内部结构的角度所作的分类,是指中心词由名词充任的短语;名词性短语(nominal)是从句法功能的角度所作的分类,是指句法功能相当于名词的短语。其中,名词性是指句法功能相当于名词。

在非生成语法体系中[①],名词短语和名词性短语在概念上没有明显的分工。名词短语是可递归包含的最大意义上满足一定结构形式标准的短语,这样的结构形式大致可描述为"限定词+前置修饰语+中心语+后置修饰语"。其中,只有中心语是强制出现的成分,它可以是名词或代名词。名词性短语外延则更广一些,还包含诸如英

---

① 对于英语名词短语而言,非生成语法体系对于名词短语的界定存在一定的柔性。一些研究者(Mönnink, 2000)尽量将词语序列深入划分为多层级的"修饰语+中心语"序列,认为"a day conference"中包含两个名词短语;另一些研究者(Church, 1988)则更重视整体结构和句法实现中的功能和形式标记,如限定词的存在,是否位于主宾语位置上,是否被功能词所划分等,认为"a day conference"只是一个简单名词短语。

语中"the rich",汉语中"的"字结构一类的短语。但是,实际研究中"名词短语"的使用基本等价于名词性短语的概念。

在生成语法体系中,名词短语和名词性短语的概念有着很大的分别,两者有着明确的句法分工。名词短语(NP)用来专指用作谓词(如表语),而不能充当论元的名词性表达;而名词性短语则是指在主语、宾语等位置上充当句法论元的限定词短语(DP)。生成语法认为名词性短语的句法核心是限定词,而传统意义上的名词中心被看作语义核心。

我们采用非生成语法体系来界定最长名词短语中"名词短语(NP, noun phrase)"的概念,不仅包含了一般意义上的名词短语,也包含了名词性短语,它是以功能标准为主、结构标准为辅所划分的名词性表达。如"的"字结构是离心结构,常作主宾语,是按照功能标准分类的;"大规模"多作定语、状语,不作主宾语,是按照内部结构特征,如"中心词是名词"分类的。在大多数结构的分类中,我们坚持基本导出功能和内部结构特征相结合的标准。

3. 名词短语的外延范围

从结构上予以描述,名词短语主要包含以下四种形式:

第一种:以名词和名词短语(ONP)为核心的 NP。

第二种:以其他体词和体词性结构①为核心的 NP,如数词、量词、体词性代词、区别词、数量结构等。

第三种:以谓词和谓词性结构为核心的 NP,如"xp 的 v|vp|a|ap"结构。

第四种:名词性附加结构,如"的"字短语。

在不违背名词性约束的条件下,名词短语的外延范围可以根据不同研究目的进行约定。自然语言处理的重要目标是语义处理,基

---

① 体词性和名词性都是从(句法)功能角度划分的,体词性主要是从能否作主宾语划分的,而名词性则包含一系列的功能测试标准,如能否作主宾语,能否作定语,能否受副词修饰,能否受数量结构修饰,等等。

于句法语义接口考虑,时间短语、处所短语作为常见的名词性论元,也被纳入我们的研究范围。但是,由于方位词远非一个同质的词类范畴(刘丹青,2004),很多方位词事实上已经发展为后置介词,使得方位结构看上去更像是介词结构,方位结构被统一排除在研究范围之外。

(三) 最长名词短语

以往最长名词短语的定义主要沿承了 Chen et al. (1994)和周强等(2000)的界定,但具体内容存在差别。归纳起来,其异同主要表现在以下四个方面:

第一,层次构造。最长名词短语均是句法树的根节点之下的首个名词短语,在句子表面形成不相交的线性序列,是一种单层的非递归结构。

第二,长度约束。受词组本位语法体系的影响,汉语短语长度一般在两个词及以上,而组块可以包含单词结构。比如,基本名词短语(赵军等,1999a,1999b;年洪东,2009)和最长名词短语(周强等,2000;代翠等,2008)长度都在两个词及以上,而基本块(周强,2007;李素建,2002)的定义均包含单词结构。也有研究(李文捷等,1995)将单词结构纳入最长名词短语,但未说明原因,可能是出于语言直觉或受英语语言学的影响。

第三,名词性认定。最长名词短语的性质均未作明确的认定。在英语中,最长名词短语和基本名词短语可以同步定义为名词性短语或名词短语;在汉语中,由于功能词"的"的存在,基本名词短语一般是名词短语,而最长名词短语则可以有两种选择。名词性的认定关系最长名词短语概念的具体内容。

第四,外延范围。研究对于是否包含时间短语、处所短语和方位结构等存在不同的见解。周强等(2000)的研究没有包含时间短语、处所短语和方位结构;马金山(2004)的研究则纳入了时间短语、处所短语及方位结构。王月颖(2007)的研究则包含了时间短语、处所短语,但是不包含方位结构。

上文对长度约束、名词性认定和外延范围进行了详细阐述,这里针对层次构造作进一步界定。在以往的研究中,"最长"是相对于句子根节点为参照的,是每一棵最大句法子树中离根节点最近的名词短语,形成了线性的单层构造。从实际应用看,这种表层最长名词短语对于句法分析有着很好的应用价值,识别它可以基本掌握句子骨架,有利于快速地构建句法树或森林;但难以较全面地覆盖论元位置上的名词性成分,对进一步的句法语义处理来说,加工深度略显不够。而那些被"拒绝"的成分往往位于最长名词短语的内层,也并非像想象的那么简单。

我们将最长名词短语(MNP)定义为句子或篇章标题中不被其他名词短语直接包含的名词短语。典型的 MNP 是论元位置上实体范畴表达的完整句法形式。MNP 的概念更清晰地表达如下:

给定一个句子或篇章标题 p 和它的句法分析树 S,一个最长名词短语是 S 的一棵子树 c,c 是名词短语,并且它的父节点不是名词短语或者 c 是根节点 S。

根据该定义,最长名词短语被界定在实现的句法层面[①],是按照句法位置特征刻画的最长名词短语的全集,又称之为句法级最长名词短语(SMNP,syntactic MNP)。进一步而言,如果 c 的所有祖先(不包含 c 本身)都不是名词短语,则 c 是表层最长名词短语(sMNP,surface MNP)。其他 SMNP 称为内层最长名词短语(iMNP,inner MNP)。可以推论,SMNP 表现为层级构造,sMNP 是 SMNP 的第一层结构。

下面两个示例的句法树直观地阐释了我们所界定的最长名词短语的概念。树中加粗的 NP* 节点为最长名词短语,其中斜体加粗的 NP* 节点表示表层最长名词短语。例 7 是句子,例 8 是标题:

[①] 本书中的最长名词短语定义在实际句法实现的层面上。深层结构中的最长名词短语,未在表层句法中实现的,可称为潜在最长名词短语,如 NP De vn 中的 NP,以及潜主语、潜宾语(朱德熙,1978)等。潜在最长名词短语也有很高的应用价值,但不在本书的研究范围之内。

例7 ［结构/n 功能/n 主义/n］在/p［60/m 年代/n］受到/v 了/u［来自/v［不同/a 方面/n］的/u 批评/vN］。/。

其句法分析树表示如下（图3-2）：

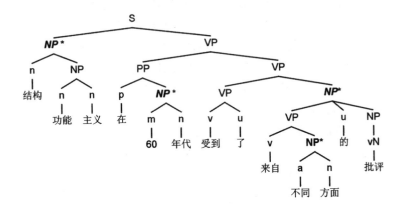

图3-2 句子中的最长名词短语

例7包含4个MNP，其中3个sMNP。在表层，sMNP覆盖了动词"受到"的2个论元；在内层，SMNP覆盖了动词"来自"的1个论元。

例8 ［［阿坝/nS 自治州/n 州长/n 泽巴足/nP］关心/v［国防/n 建设/vN］的/u 故事/n］

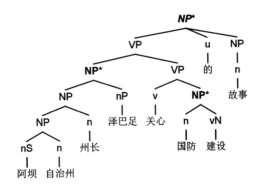

图3-3 标题中的最长名词短语

例8包含3个MNP,其中1个sMNP。在表层,整个结构作为sMNP存在;在内层,SMNP覆盖了动词"关心"的两个论元,使得表层最长名词短语内部所表达的事件也得到了细致的分析(图3-3)。

可见,相对于传统的最长名词短语定义,句法级最长名词短语对名词性论元具有更好的覆盖能力。这些不仅仅是动词配价所决定的论元,还可以是结构式所决定的名词性论元,比如"[小王]吃了[小李][一个 苹果]",动词"吃"是典型的二价动词,"小李"作为与事是由双宾结构式的意义限定的。

三、标注原则与规定

(一) 划分原则

语言学家对汉语层次划分问题进行了深入的研究和探讨,如对于结构歧义、多切分等问题从理论上提出了许多有效的处理方法和原则。周强(1996)结合工程实践需要确定了汉语短语划分和标注的系列原则,对于MNP标注也是适用的。参考其观点,我们确定MNP的划分原则如下:

首先,着重考虑表层句法关系,而不是深层意义关系。对于汉语中某些形式和意义不同构的句法单位,基本的处理原则是形式优先,根据表层的句法结构和功能确立句法组合形式。如离合结构"看了一天的电影",从形式上看,"一天的"与"电影"构成修饰关系;从意义上,"一天"的语义指向动词"看",表示动作持续的时间,而与"电影"没有语义上的联系。标注时着重于表层的形式关系,将"一天的电影"捆绑为MNP。

其次,对多分组合,尽量选择一种统一的短语划分方法。短语多分问题是指在短语整体意义相同的情况下短语可以有多种切分形式的现象,如"是……的"结构①。

最后,突出名词短语。语法化或者处于语法化过程中的词类直

---

① 参见第三节"技术规定"部分。

接参与构成名词短语时,最长名词短语的定义突出名词实体性。如"NP+方位词"形式名词性结构,将 NP 作为最长名词短语。

(二) 技术规定

上文从功能分布和内部结构等角度界定了 MNP。但是,作为一种复杂的短语类型,NP 的认定问题还存在争论。因此,在大规模的语料处理过程中,需要对有争议和不明确的问题作出操作性规定。涉及 MNP 的问题主要包括以下方面:

1. 方位词和方位结构

在传统语言学中,方位词是名词的一个小类。语言类型学的研究(刘丹青,2004)表明,现代汉语中大部分方位词已经发展为后置介词,只有少数双音节还保留着较强的名词性。根据方位词的句法位置,作不同的处理。

情形一:当方位词独立充当主宾语时,标识为 MNP。

例9 因为/c［上/f］有/v 老/a,/,［下/f］有/v 小/a,/,［他/rN 俩/m］便/d［终日/t］是/vC 忙/a。/。

情形二:当方位结构作主语、宾语或状语时,标识其参照位置上的 NP 为 MNP。

例10 ［宽阔/a 的/u 前额/n］下/f,/,是/vC［一/m 对/qN 长长/z 的/u 眼睛/n］。/。

情形三:当方位结构作为定语参与构成 NP 时,将 NP 作为候选 MNP。

例11 ［院墙/n］［下/f 半截/n］是/vC［砖/n 砌/v 的/u］,/,［上/f 半截/n］是/vC［泥/n 夯/v 的/u］。/。

情形四:当方位词"xp De f"结构中心语参与构成 NP 时,将 NP 作为候选 MNP。

例12 ［它/rN］架设/v 在/p［英国/nS 的/u 东岸/f］,/,有效/a 地/u 警戒/v 了/u［来自/v 德国/nS 的/u 轰炸机/n］。/。

2. "的"字结构

"的"包括"的$_2$"和"的$_3$"。采纳朱德熙(1961a)的观点,在"X 的"

结构中,当 X 为形容词复杂形式时,"X 的"为形容词短语,不作标注;当 X 为形容词的简单形式[①]、名词或动词性成分时,"X 的"为名词性短语,作为候选 MNP。

例 13　[档案/n 、、图书/n 、、情报/n 的/u 载体/n 形式/n]是/vC[共同/b 的/u],/,都/d 有/v[纸质/n 的/u 、、胶片/n 的/u 、、磁盘/n 的/u 、、光盘/n 的/u]。/。

相应地,"是……的"构造一般看成"是 De 字结构"的形式,而不看成"是 xp 的"框式结构[②]。

3. 指称化成分

指称化成分是指实现指称功能的非名词短语(ONP),包括部分体词性成分、动词性成分和形容词性成分。这些成分一般根据短语功能特性划归名词性短语,但在学界常有争议,如关于"N De V"的性质就有不同看法。操作上,我们把这些短语划归名词性短语。指称化成分主要包括以下情形:

情形一:以代名词、量词重叠式、指量结构以及区别词等为核心的短语,包括形如"[xp] qN|b"和"xp 的 … qN|b"的两种形式,前者 xp 可以为空。由于这些核心性质接近名词,作为 NP 在语法学界并没有引起很大争议。

例 14　[乌兰/nP]听/v 了/u 义无反顾/iV 地/u 违反/v[规章/n 制度/n]给/p[二/m 班长/n]往/p 千/m 里/qN 之外/f 挂/v 了/u[个/qN 长途/b]。/。

情形二:以动词、形容词等谓词性成分为核心的指称化成分,包括"[xp] ap|vp"和"xp 的 ap|vp"两种形式[③],前者 xp 可以为空。

例 15　[一/m 种/qN 不安/a]袭扰/v 着/u[np-DZ 玉敏/nP

---

　①　形容词复杂形式包括:形容词重叠式、状态形容词、以形容词为中心构成的词组;简单形式包括:单音节形容词和一般的双音节形容词。
　②　"是 xp 的"框式构造是由动词"是"和"的"字结构经常共现而形成的一种模式,其内部语法关系存在争议。语法上的框式结构是框式介词参与的介宾构造。
　③　这里的 ap 指形容词性成分,vp 指动词性成分。

的/u 心/n]。/。

例16 [小说/n 写/v 的/u]是/vC[两/m 个/qN 相爱/v 的/u 青年/n],/,因为/p[女方/n 家里/s 的/u 极力/d 反对/v]而/c 终于/d 分手/v。/。

情形三:主语位置上的"xp 的₂",作为候选 MNP。

例17 [更/d 主要/a 的/u]还/d 是/vC 在/p 对/p[科学/n 问题/n]作/v 判断/v 时/n[①]…。/。

---

① "时/n"作中心语时,功能类似于方位词,不作为名词短语中心处理。

第四章
最长名词短语的分布调查与分析

基于大规模语料库对最长名词短语进行分布调查,不仅可以为本体语言学的名词短语研究提供翔实的数据,验证本体语言学的研究成果,还能为最长名词短语识别研究提供统计数据和语言学知识的支持,从而指导识别策略的制定,识别方法和模型特征的选择。本章在 TCT 语料库的支持下,对汉语最长名词短语进行多角度的统计调查和描写,并结合调查结果,对 MNP 识别的特征选择、难点和策略等问题进行初步分析,以支持下文的 MNP 识别实践。

第一节 最长名词短语的抽取

调查使用的语料资源是清华汉语树库(TCT)。它是从大规模的经过基本信息标注(切分和词性标注)的汉语平衡语料库中,提取出 100 万汉字规模的语料文本,经过自动断句、自动句法分析和人工校对而形成的高质量的标注有完整的句法结构树的汉语语料库。其语料文本都选自 20 世纪 90 年代的现代汉语语料,主要分为文学、新闻、学术和应用四类,所占比例分别为:41.50%、24.68%、24.03% 和 9.79%,平均句长为 23.13 词/句。

树库为每一个短语标注了内部结构类别和句法功能类别双重信息,包括 16 种单句结构标记、11 种复句结构标记,以及 11 种短语功能标记,此外,还针对独立成分设置了结构类型。标注实例如下:

例1 [zj-XX [dj-ZZ [pp-KS 从/p [sp-FW [np-DZ [dj-ZW 气质/n 相通/v] 的/u 意义/n] 上/f] 来说/u],/, [dj-ZW 书法/n [vp-PO 是/vC [np-DZ [np-DZ 特殊/a 形态/n] 的/u [np-DZ 综合/b 艺术/n]]]]。/。]

其中,符号"-"之前的标记表示功能类型,"zj、dj、pp、sp、np、vp"分别表示"整句、单句、介词短语、空间短语、名词短语、动词短语";符号"-"之后的标记表示结构类型,"XX、KS、FW、DZ、ZW、PO"分别表示"缺省结构、框式结构、方位结构、定中结构、主谓结构、述宾结构"[①]。

根据 MNP 的定义,我们利用树库中的词类标记、句法标记和层次信息,抽取了 TCT 树库中的最长名词短语。

算法4-1 最长名词短语抽取算法

输入:TCT 树库语料

输出:标注 MNP 的语料

- 定义 NP 功能标记集 NPFunc = {np, tp, sp}[②],单词 NP 中心词类集 NPHead = {n, iN, nP, nS, nO, nR, r, rN, rT, rS, s, t, vN, aN }
- 循环读入文本中的句子 s
    - 抽取单词 MNP:循环处理 s 中的单词 $word_i$
        - 如果词类标记 $tag_i \in$ NPHead
            - 寻找父节点功能标记 $func_i$
            - 如果 $func_i \notin$ NPFunc
                - 记录 $word_i$ 为单词 MNP
    - 抽取多词 MNP:循环处理 s 中的单词 $word_i$
        - 如果 $func_i \in$ NPFunc,且结构标记 $struct_i \neq$ FW
            - 处理特殊规则 SpecRule
        - 如果 $func_i \in$ NPFunc,且 $struct_i \neq$ FW
            - 寻找父节点 $fNode_j$,记录其功能标记 $func_j$

---

① 完整的词类标记集、句法功能标记集和句法结构标记集,请参见附录1、附录2和附录3。

② tp, sp 分别表示时间短语和处所短语。

- 如果 $func_i \in$ NPFunc,且 $struct_i$ = FW
  - 寻找父节点 $fNode_k$,记录其功能标记 $func_k$
- 如果 $fNode_j$ 不存在
  - 在 s 中寻找 $word_j$ 相应的右边界词 $word_k$
  - 记录 $word_j...word_k$ 为 MNP
- 如果 $func_j \notin$ NPFunc,或者 $func_k \notin$ NPFunc
  - 在 s 中寻找 $word_j$ 相应的右边界词 $word_k$
  - 记录 $word_j...word_k$ 为 MNP
- 输出标注 MNP 的句子

针对 TCT 树库的一些标注特点,特殊规则 SpecRule 主要包括三项内容:

(1) 词汇特征过滤:如果尾词为语气词 y,叹词 o,或首词为连词 c,不作 MNP;

(2) 顺序结构处理:如果结构标记 $struct_i$ = 顺序结构 SX,且 $struct_i$ 直接成分不含连接符"—/x",不作 MNP;

(3) 框式结构处理:如果尾词 $word_k$ 为 De,且结构标记 $struct_i$ = 框式结构 KS,记录 $word_{i+1}...word_k$ 为 MNP。

根据以上算法,在整个树库范围内提取 MNP,并进行人工审核和调整,其数量分布如下(表 4-1):

表 4-1 MNP 数量分布

MNP 类型	SMNP	sMNP	iMNP
数量(例)	206879	178814	28065
百分比(%)	100	86.43	13.57

抽取后,例1的内容转换为如下形式:

例2 从/p [[气质/n] 相通/v 的/u 意义/n] 上/f 来说/u,/,[书法/n] 是/vC [特殊/a 形态/n 的/u 综合/b 艺术/n]。/。

最长名词短语分布调查以 MNP 句法特征和线性特征为调查内容,分为外部调查和内部调查。外部调查关注 MNP 的分布位置特征,包括句法功能与外部邻接关系;内部调查关注 MNP 的内部构成特征,包括内部结构和内部成分,以及复杂性问题。

在每一项调查中,我们首先对 MNP 的句法特征进行统计分析,了解 MNP 基本分布状况,然后观察句法特征在线性层面的表现,并注意分析有益于识别的语言数据,以提供有益的识别特征,或者给已有的识别方法以数据支持。

在 MNP 调查的基础上,我们还将结合内外特征,进一步分析 MNP 识别的难点问题,并规划总体的识别策略。

第二节 句法功能与外部邻接

一、句法功能分布

句法功能分布以短语所在的句法结构作为考察其句法功能的依据,提供了从外部观察短语特征的窗口。以 9 种基本结构为基础结构类型,表 4-2 设立了 MNP 句法功能考察框架。

表 4-2 句法分布考察框架

结构名称	导出功能 1	导出功能 2
主谓结构	主语	谓语
动宾结构	述语 1	宾语 1
介宾结构	述语 3	宾语 2
述补结构	述语 2	补语 1
定中结构	定语 1	中心语 1
状中结构	状语 1	中心语 2
附加结构	中心语 3	附加语
方位结构	参照成分	方位标
联合结构	联合成分	联合成分

该框架调查表明,MNP 主要分布在句法宾语和句法主语的位置上,在动词宾语和介词宾语位置上都有所分布,尤其以动词宾语位置上分布最多(表 4-3)。

表4-3 MNP功能分布

功能	SMNP(%)	sMNP(%)	iMNP(%)
宾语1	40.35	40.11	46.67
主语	36.60	37.91	22.31
宾语2	11.51	10.74	18.25
参照成分	4.86	4.72	5.39
状语	3.45	3.48	2.73
谓语	0.46	0.48	0.37
中心语3	0.26	0.22	0.49
联合成分	0.23	0.15	0.84
中心语2	0.07	0.04	0.20
其他	2.21	2.15	2.75
合计	100.00	100.00	100.00

这种句法分布状况对边界识别具有启发意义。根据词汇化理论,中心词与附属词之间存在强依存,当名词性主宾语被中心词近似,主语和谓语中心词、动词和宾语、介词和宾语之间都在不同程度上存在词汇依存关系。

以动宾关系为例,可以近似地认为,宾语位置上的 MNP 左边界存在于动词与宾语中心词的述宾搭配关系中,包括可邻接搭配关系,如"取得胜利";不可邻接搭配关系,如"充满意味"。如果能够有效地识别出右边界,可以利用这些搭配关系帮助识别左边界。同理,主谓关系也可以用于帮助识别右边界。

由于 SMNP 包含时间短语和处所短语,MNP 在状语位置和参照成分位置也有一定比例的分布。当状语和参照成分邻接于名词性主语之后时,常常会增加左边界识别难度。如何解决这种状语位置上的边界歧义也是识别需要考虑的问题。

由于分布层次的差异,内层最长名词短语和表层最长名词短语在功能分布上也有不同。主要表现在:sMNP 在主语和动词宾语的位置上分布均衡,介词宾语位置上分布相对较少;而 iMNP 更倾向于分布在宾语位置,在主语位置上分布相对较少。

二、邻接位置构成

语言的线性特征决定了 MNP 可以看作句子的线性序列上截取的一个有限线段。对于言语序列"L_m,…,L_i…,L_1,$[_{MNP}$ L_0,N_1,…,$R_0]$,R_1,…,R_j…,R_n",我们把 L_1、R_1 分别称作 MNP 的左邻接成分和右邻接成分。相应地,把 $<L_2,L_1><R_1,R_2>$ 称作 MNP 的二元左邻接成分和二元右邻接成分。

MNP 识别基于句子的线性序列进行。统计机器学习模型一般需要选择多元线性特征决策一个边界的位置分类。而这些线性特征通常是 MNP 句法位置和句法结构共同作用下的线性表现。为了观察便利,本节选取一元邻接特征,观察其内部构成以及对边界识别的贡献。

(一) 左邻接词构成

位置构成是指某位置上特定种类语言成分的分布比例。令 β 表示邻接位置,$f_\beta(w)$ 为 w 在 β 位置上出现的频次,内部构成比率 $P_c(w)$ 可表示为:

$$P_c(w) = \frac{f_\beta(w)}{\sum\limits_w f_\beta(w)} \qquad 公式4-1$$

其中,β 的取值与统计对象相关。令 $\beta = L_1$,统计最长名词短语的左邻接词构成;令 $\beta = R_1$,统计右邻接词构成。按照语言成分种类的不同,位置构成包括词语构成和词类构成。这里主要观察词类构成。

大多数情况下,左邻接位置上的成分与 MNP 发生直接的句法关系。虚设 S 表示句首位置,左邻接词词类分布如表 4-4。

MNP 主要分布在动词、标点符号、介词之后以及句首位置上。这种邻接词类的分布状况是 MNP 句法功能分布的线性表现如下:

表 4-4　左邻接位置词类分布

序号	词类	SMNP	sMNP	iMNP	序号	词类	SMNP	sMNP	iMNP
1	动词	36.97	35.37	48.35	10	量词	0.57	0.41	1.74
2	标点	18.73	20.08	9.14	11	时间词	0.46	0.46	0.44
3	介词	16.00	14.69	25.29	12	方位词	0.35	0.32	0.54
4	S	14.11	15.66	3.13	13	数词	0.23	0.18	0.59
5	助词	7.08	7.39	4.88	14	形容词	0.21	0.19	0.35
6	连词	2.21	2.23	2.10	15	处所词	0.02	0.02	0.03
7	名词	1.35	1.32	1.59	16	语气词	0.01	0.01	0.01
8	副词	0.81	0.80	0.87	17	其他	0.13	0.12	0.19
9	代词	0.76	0.75	0.76		合计	100.00	100.00	100.00

（1）动词和助词主要邻接于宾语 1 位置；

（2）介词主要邻接于宾语 2 位置；

（3）标点符号和 S 主要邻接于主语位置。

这些邻接关系是主要的,但并非一一对应。当 MNP 邻接于动词和介词之后时,可以是它们的宾语,也可以是谓词性宾语或复杂定语中的句法主语。因此,实际邻接于动词、"动词+助词"模式以及介词之后的 MNP 数量多于宾语位置上的 MNP。这使得 MNP 更加集中地分布在动词或介词之后。

令表层和内层最长名词短语的左邻接词位置分别表示为 sL_1 和 iL_1,则 sL_1 和 iL_1 的词类分布特征也不同。首先,sL_1 的标点符号和 S 含量高,而 iL_1 更集中于动词和介词;其次,iL_1 的助词含量相对少,表明强谓词性结构,如"动词+了/u"模式更倾向于出现在 MNP 结构外部;再次,iL_1 的一些体词性成分,特别是数词、量词含量相对高。

（二）右邻接词构成

由于汉语句法构造是以左扩展形式为主,右邻接位置上的成分以直接或间接的方式与 MNP 发生句法关系。虚设 E 表示句末位置,右邻接词的词类分布如下（表 4-5）：

表 4-5 右邻位置词类分布

序号	词类	SMNP	sMNP	iMNP	序号	词类	SMNP	sMNP	iMNP
1	标点	35.12	38.59	10.47	10	语气词	1.22	1.37	0.13
2	动词	26.91	26.54	29.54	11	连词	1.04	0.96	1.65
3	副词	13.47	14.55	5.77	12	E	0.88	1.00	0.01
4	方位词	5.68	5.55	6.56	13	数词	0.87	0.90	0.66
5	助词	4.57	0.65	32.43	14	时间词	0.33	0.31	0.46
6	介词	4.29	4.45	3.16	15	状态词	0.28	0.30	0.18
7	形容词	2.51	2.33	3.76	16	处所词	0.06	0.07	0.02
8	名词	1.37	1.00	3.99	17	量词	0.03	0.03	0.02
9	代词	1.22	1.28	0.83	18	其他	0.15	0.12	0.36
						合计	100.00	100.00	100.00

MNP 主要分布在标点符号、动词、副词、方位词和助词之前。这种邻接词类的分布状况也与 MNP 句法功能分布有密切联系,表现为:

(1) 标点符号主要邻接于宾语 1 和宾语 2 位置;

(2) 动词、副词主要邻接于主语位置;

(3) 方位词主要邻接于参照成分位置。

令表层和内层最长名词短语的 R_1 位置分别表示为 sR_1 和 iR_1,sR_1 和 iR_1 的词类分布存在很大差异。首先,sR_1 的标点符号含量较高,而 iR_1 的方位词和助词含量较高;其次,iR_1 位置副词含量相对少,表明强谓词性结构,如"副词+动词"模式倾向于出现在 MNP 结构外部,较少出现在内部;再次,与 iL_1 位置一致,iR_1 位置上另一种体词性成分名词的含量相对高,并且形容词和连词的含量也相对高。

(三) 邻接位置分析

集中的词类分布表明,MNP 的句法功能特性在左右邻接位置形成了较为明显的线性特征,从而使得该类位置具备了较高的确定性。MNP 识别模型可以基于邻接位置进行特征选择,预测左右边界的存在。

表层和内层最长名词短语在邻接词位置的词类分布各有特点,但在左边界处动词和介词位置都有集中分布,说明内外结构在左邻接词类特征上具有一致性,可能会对分层识别策略造成一定干扰。为了减轻干扰,需要选择多元线性特征,加强表层和内层左边界的辨别能力,比如,二元特征"v+了/u"比一元特征"v"对表层左边界有更好的预测作用。

通常认为,相对于表层最长名词短语,内层最长名词短语识别较为容易。但是,外部邻接的统计数据在支持这一观点的同时,也提出一些问题。比如,内层最长名词短语的强谓词性边界相对少,而名词性邻接成分却较多。这无疑增加了内层结构的识别难度。当然,名词性邻接成分在表层最长名词短语中也有一定比例的分布。名词性邻接如何形成,如何解决歧义,是 MNP 识别需要考虑的问题。

三、邻接特征词

邻接特征词是倾向于分布在 MNP 邻接位置的词语或词类,表现为邻接概率高。邻接概率是指 MNP 邻接位置上特定种类语言成分的出现概率。设 α 为某一限定范围,β 为邻接位置,$f_\alpha(w)$ 为 w 在 α 范围内出现的频次,$f_\beta(w)$ 为 w 在 β 位置上出现的频次,则 w 在邻接位置上的出现概率 $P_a(w)$ 可表示为:

$$P_a(w) = \frac{f_\beta(w)}{f_\alpha(w)} \qquad 公式 4-2$$

其中,α 的取值与识别对象的特点及识别策略有关。在本研究中,α 设置为句子范围。β 的取值与具体统计对象相关。令 $\beta = L_1$,计算最长名词短语的左邻接概率;令 $\beta = R_1$,计算右邻接概率。

(一) 邻接词概率

按照邻接成分种类的不同,邻接特征分为邻接特征词和邻接特征词类。首先看邻接特征词,包括左邻接特征词和右邻接特征词。

为了保证数据量充足,每个词语都有可能获得 95% 以上的概率,表4－6和表4－7统计了出现频次大于30时,左邻接概率和右邻接概率排在前10位的词形①。

表4－6 左邻接词概率分布

类别	SMNP		sMNP		iMNP	
	词语	概率(%)	词语	概率(%)	词语	概率(%)
1	持	100.00	使得	97.73	驻	87.50
2	替	100.00	替	96.55	关于	67.49
3	位于	100.00	成为	94.65	位于	65.79
4	沿着	100.00	授予	94.12	兼	63.04
5	按照	98.65	只见	93.94	反	54.55
6	随着	98.49	对着	93.75	来自	51.95
7	成为	98.40	凭	92.59	制	48.78
8	当作	98.18	随着	92.34	论	47.54
9	令	97.96	使	91.83	履行	45.00
10	作为	97.88	按照	90.91	带有	44.90

表4－7 右邻接词概率分布

类别	SMNP		sMNP		iMNP	
	词语	概率(%)	词语	概率(%)	词语	概率(%)
1	来说	95.35	来说	93.80	合资	48.78
2	出发	95.00	奠定	78.57	般	48.41
3	看作	80.85	出发	77.50	为主	42.50
4	奠定	80.36	授予	76.47	所	39.92
5	授予	79.41	之中	73.39	相	36.25
6	为主	78.75	看作	72.34	(	33.82
7	相	78.66	里	71.18	制成	33.33
8	里	78.50	之下	70.59	委托	31.58
9	之中	77.42	而已	68.75	面临	31.03
10	般	75.40	抬起	68.75	协商	30.56

通过高频邻接词的统计数据,我们可以发现和推断最长名词短语分布的部分规律,判断对于识别工作的影响:

---

① 准确地说,这里的词形指切分单位的形式。

首先,表层最长名词短语的邻接概率总体上高于内层最长名词短语,表现出更明显的左邻接特征,说明大多数词语更倾向于出现在表层最长名词短语,而不是内层最长名词短语的邻接位置上。(推论4-1)

其次,很多词语在表层最长名词短语和内层最长名词短语的邻接位置上都有分布能力①,只是分布数量不同。在此意义上,表层和内层最长名词短语的邻接位置在词形上也存在一致性,从而可能对分层次的最长名词短语识别造成一定干扰。(推论4-2)

最后,总体而言,高邻接概率的特征词型并不多见。(推论4-3)

(二) 邻接词类概率

推论4-2主要针对具体词形而言。推论4-1和推论4-3还可以在邻接词类概率的统计数据中得到验证。令句法级最长名词短语的邻接词频次大于30,图4-1和图4-2基于TCT树库的词类标记②,对比了句法级最长名词短语、表层最长名词短语和内层最长名词短语的邻接词类概率分布(SMNP Top10)。

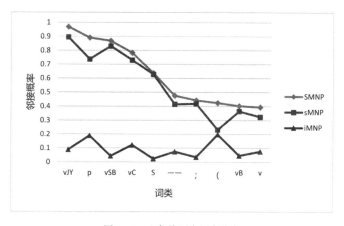

图4-1 左邻接词类概率分布

---

① 原因之一是部分内层最长名词短语与表层最长名词短语起始位置相同。
② 词类标记的意义参见附录1。

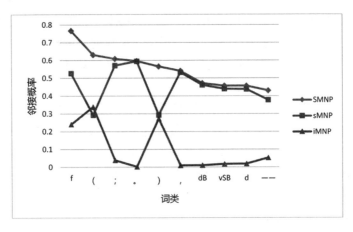

图 4-2 右邻接词类概率分布

无论是左右邻接位置,对绝大部分词类而言,表层最长名词短语的邻接概率远高于内层最长名词短语;并且,邻接词类概率较高的特征词类也不多见,仅限于左邻接位置上的介词和特殊动词小类,如兼语动词、双宾动词等。

(三) 邻接特征分析

表层最长名词短语的邻接概率总体远高于内层最长名词短语的邻接概率,从根本上说,是得益于 MNP 不均匀的数量分布,86％以上的句法级最长名词短语分布于表层,仅有不到 14％的比例分布于内层。这也揭示了以往的最长名词短语(表层最长名词短语)识别研究能够取得良好效果的原因。

这种分布状况表明,对于句法级最长名词短语而言,先识别表层最长名词短语,再识别内层最长名词短语的自顶向下策略要优于自底向上策略。

统计数据还揭示了一元邻接位置上并不存在大量特征词或词类,仅仅基于外部一元邻接位置还不能对 MNP 边界进行有效的预测。因此,统计机器学习模型需要选择多种、多元特征来决策边界词的分类。

基于邻接词概率提取的特征词能否在统计机器学习模型中发挥

作用不可一概而论。由于这些特征词词型较少,并且均为高频特征(稀疏数据不能作为特征),因此,当测试数据量较少时,特征词能在一定程度上提高系统性能;而当数据量充足、特征充分时,特征词则作用有限,甚至可能对系统性能造成干扰。因此我们并没有将这些特征词作为识别系统的输入特征。

第三节 句法结构与内部构成

一、直接结构分布

句法结构分布以短语内部的结构关系作为考察其构造规律的依据,提供了从内部观察短语特征的窗口。结构关系的考察以 TCT 树库的结构类型为主、人工调整为辅。需要说明的是,树库没有对同位关系进行显性标注,而是归纳在定中、缺省结构等关系中。标注为缺省结构的名词短语(np, tp, sp),内部结构较为复杂,我们对其进行了重新划分,并归入明确的结构关系中。

直接结构分布考察第一层次的句法关系。MNP 由 8 种结构关系直接构造,以定中结构和单词结构为主,各种类型的结构分布情况如表 4-8 所示。

表 4-8 直接结构分布

结构	SMNP(%)	sMNP(%)	iMNP(%)
定中结构	47.97	49.33	39.30
单词结构	45.54	44.20	54.10
联合结构	3.45	3.25	4.73
附加结构	2.24	2.47	0.72
标号结构	0.74	0.69	1.08
重叠结构	0.04	0.04	0.06
复指结构	0.02	0.02	0.00
顺序结构	0.00	0.00	0.01
合计	100.00	100.00	100.00

其中,单词结构的最长名词短语包括时间词、处所词、名词等类别的词。其他结构均是多词结构,主要类型介绍如下:

1. 定中结构

定中结构是最主要的结构类型,分为无标记定中结构和有标记定中结构。

无标记定中结构的构造形式为"定语+中心语",如"计算机/n 产业/n"。

有标记定中结构的构造形式为"定语+的|之+中心语",如"严肃/a 的/u 批评/vN""骨肉/n 之/u 情/n"。其中,"定语+的+中心语"形式是主要形式,其定语位置构造复杂,是 MNP 识别重点关注的对象。

2. 联合结构

分为无标记联合结构和有标记联合结构。

无标记联合结构由名词性成分邻接构造而成,联合成分多为单个名词,如"儿子/n 儿媳/n""佛事/n 佛语/n 佛教/n"。

有标记联合结构用连接符号连接联合成分。连接名词短语的连接符通常包括连词"和""与""及"、顿号、逗号等。联合成分可以是单个名词,也可以是名词性短语,如"迷信/n 与/c 科学/n""蔚蓝/z 色/n 的/u 大海/n 和/c 坚实/a 的/u 船帆/n"。

有时候,有标记联合结构的一个联合成分还可以是谓词性结构,如"海运/n、沿海/s 钻探/vN 和/c 开采/v 石油/n、事故/n 溢漏/vN 和/c 废物/n 处理/vN",其中"开采/v 石油/n"是动宾结构作联合成分,整个短语是名词性短语。

3. 附加结构

包括三种情形:

(1) 由"名词性成分+后缀"构成,后缀主要由"们"充当,如"同志/n 们/k""学者/n 们/k",我们将这一情形又称作简单附加结构。

(2) 由"体词性成分|谓词性成分+后缀"构成,后缀主要由"者"充当,如"两/m 者/k""购书/v 者/k"。

（3）由"名词性成分|动词性成分|形容词性成分＋的"构成名词性"的"字短语，如"公家/n 的/u""剩下/v 的/u""稳定/a 的/u"。名词性"的"字短语的形容词只能是简单形容词，如单音节形容词和普通双音节形容词，一般不能是形容词重叠式和比较式。

4. 标号结构

标号结构是由成对的引号、书名号括成的名词性结构，成对的标号内部可以是单词，也可以是短语。

标号通常用来标识专有名称，具有指称化和专指化的作用。因此，标号内部可以是名词性成分，如""四人帮/n"/"；也可以是动词性成分、形容词性成分，甚至句子，如"《/《 怀念/v 萧珊/nP》/》"。

5. 重叠结构

主要包括三种情形。一是单音节名词重叠表周遍义或强调义，如"[行/n 行/n] 出/v 状元/n"；二是口语中表呼唤时的名词重复表达，如"白兔/n 白兔/n"；三是口语中说话不流利导致的名词重复表达，暂作为重叠结构，如"[你/rN 你/rN] ……/……"。

此外，表示责问语气的"什么/rN 什么/rN"，主语或动词"是/vC"宾语位置上表示模糊义的"谁/rN 谁/rN 谁/rN""某/rN 某/rN 某/rN"都作为重叠结构。

6. 复指结构

复指结构主要是以破折号为标识的解释性构造，结构形式为"名词性成分——名词性成分"，如"第/m 一/m 个/qN 连续激光器/n ——/—— 氦氖激光器/n"。

7. 顺序结构

顺序结构是以连接符"－|～"连接名词性成分构成的名词短语，结构形式为"名词性成分[－|～名词性成分]⁺"，表示时间区间或者空间范围。被连接的名词性成分多在时间上存在先后或者在空间上存在距离，如"7/m 月/qT 2/m 日/qT －/x 8/m 月/qT 23/m 日/qT"。

比较内层最长名词短语和表层最长名词短语,两者各有特点:

首先,表层最长名词短语定中结构最多,而内层最长名词短语单词结构最多。

其次,表层最长名词短语附加结构,主要是"的"字结构较多。"的"字结构的中心词位置和左邻接词位置存在明显的约束特征,可以制定规则予以识别。

最后,内层最长名词短语联合结构比例相对高,是值得注意的问题。

二、内部结构分布

内部结构分布考察多词最长名词短语包含的所有结构关系。MNP 包含了所有结构类型。我们将 9 种基本结构关系分为四种类型进行考察,Ⅰ型是体词性结构,Ⅱ型主要是谓词性结构[①],Ⅲ型是饰词性结构,Ⅳ型是综合类结构[②](表 4-9)。

表 4-9　内部结构分布考察框架

类型	结构名称	类型	结构名称
Ⅰ型	定中结构	Ⅲ型	介宾结构
Ⅱ型	状中结构	Ⅳ型	附加结构
	动宾结构		联合结构
	主谓结构		方位结构
	述补结构		—

[①] 状中结构可以是副词性短语,为饰词性结构,但是数量很少。

[②] 附加结构包括三种类型:一种是名词性附加结构,如"'的'字结构""名词短语+们""名词短语|动词短语|形容词短语+者"等;一种是谓词性附加结构,如"动词+化";最后一种是饰词性附加结构,如比况结构。方位结构的归属存在争议,按照刘丹青(2004)的观点,方位结构为后置介词结构,但是有些方位词还存在一定的名词性。联合结构包括体词性联合结构、谓词性联合结构和饰词性联合结构等多种类型。

1. 分布倾向性

在结构层面，MNP 识别难度取决于内外结构的区分度，而不仅仅是结构容量。如果一种结构关系明显倾向于分布在 MNP 内部或者外部，说明该结构具有识别 MNP 的能力。结构分布倾向性使用基本结构在 MNP 内部的分布比例刻画。对某一种结构而言，分布比例越高，越倾向于分布在 MNP 内部；越低，则越倾向于分布在 MNP 外部，图 4-3 考察了基本结构关于表层最长名词短语的分布倾向性。

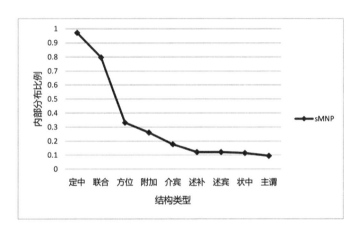

图 4-3 结构分布倾向

调查显示，基本结构在总体上表现出较为明显的内外区分度，没有结构分布在模糊区间[0.4,0.6]之间。Ⅰ型(体词性)结构内部分布比例在 95% 以上[①]，明显倾向于分布在 MNP 内部；Ⅱ型(谓词性)结构约 10% 左右，明显倾向于分布在 MNP 外部；Ⅲ型(饰词性)结构和Ⅳ型(综合类)结构句法功能或内部结构较为复杂，导致分布倾向性稍弱一些，如介宾结构、方位结构既可以作谓词性结构的状语，也

---

① 数量短语标识为定中结构类型，大部分数量结构没有纳入 MNP 范畴。

可以作名词性结构的定语,而联合结构和附加结构既可以是体词性的,也可以是谓词性的,或者饰词性的。

2. 位置分布差异

偏向两极的结构分布比例是最长名词短语识别的有利因素。我们关心的是,少量的干扰因素(非体词性构造),特别是谓词性结构,是如何引入 MNP 结构的。比较而言,这些干扰因素更倾向于分布在表层最长名词短语;包含干扰因素的内层最长名词短语比例[①]相对少(图4-4),相应地,其中各种谓词性结构和饰词性结构的分布比例也略少一些。以下着重关注表层最长名词短语。

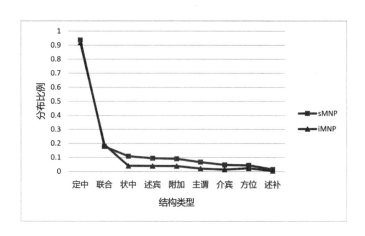

图4-4 MNP 按所含结构的数量分布

一般认为,结构助词"的"造成名词短语内部结构的复杂化,"的"前定语几乎可以由任意句法成分充任。根据是否包含结构助词"的",名词短语分为两种类型:含"的"名词短语和不含"的"名词短语。含"的"名词短语通常由"定语+的+中心语"的形式构成。我们分三个位置进一步考察表层最长名词短语的内部结构构成、不含

---

① 该比例指包含某种结构类型的多词 MNP 数量与多词 MNP 总量的比值。各种类型的比例之和可大于1。

"的"最长名词短语(smnp)、"的"前定语(mod)和"的"后中心语(head)。图4-5、图4-6、图4-7、图4-8分别展示了Ⅰ型、Ⅱ型、Ⅲ型、Ⅳ型结构在这三个不同位置上的分布。

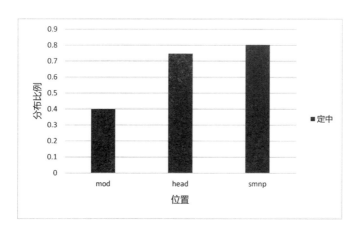

图4-5 Ⅰ型结构位置分布

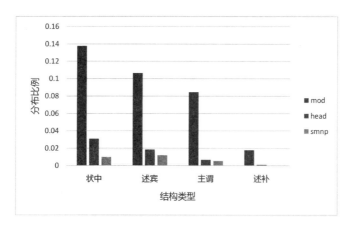

图4-6 Ⅱ型结构位置分布

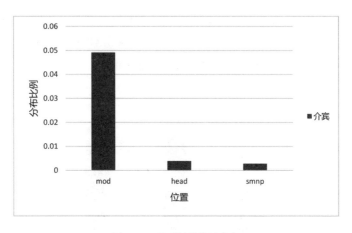

图 4-7　Ⅲ型结构位置分布

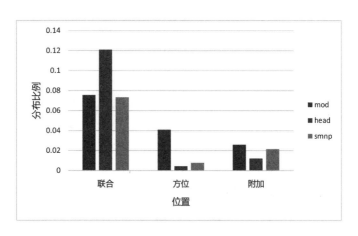

图 4-8　Ⅳ型结构位置分布

数据表明,不同位置对基本结构的容纳能力存在明显差异,主要表现为:

首先,按照 mod>head>smnp 的排列顺序,这些位置上的成分对体词性结构(Ⅰ型)的容纳能力逐渐增强,而对谓词性结构(Ⅱ型)和饰词性结构(Ⅲ型)的容纳能力逐渐减弱。

其次，mod 位置对于谓词性结构、介宾结构和方位结构的容纳能力明显强于 head 位置和 smnp 位置，后两者的结构容纳能力稍显接近。

最后，head 位置对于联合结构具有更好的容纳性。

3. 复杂有序构造

从线性层面看，谓词性结构和饰词性结构是造成"的"前位置识别歧义增多的主要原因。但包含干扰结构的含"的"最长名词短语一般是有序的，有序性可以从不同的角度观察，主要表现为动词性结构所保持的句法语义构造。

以包含动词性结构的最长名词短语为例，通常在论元结构上，与句子表现出平行性，保留了底层形式中的谓词论元结构。比如：

例 3　底层形式：委员/n 提交/v 提案/n（施事－动作－受事）
提取施事：提交/v 提案/n 的/u 委员/n（动作－受事－De－施事）

袁毓林(1995)提出谓词隐含理论阐释"的"字短语的称代规则，将谓词论元结构推广到不含动词的名词短语中，认为"塑料［做成］的 拖鞋"，其实隐含了谓词"做成"。

介词作为格标，可以进一步引入时间、处所等论元，比如①：

例 4　底层形式：委员/n 在/p 会/n 上/f 提交/v 提案/n（施事－处所－动作－受事）
提取施事：在/p 会/n 上/f 提交/v 提案/n 的/u 委员/n（处所－动作－受事－De－施事）

可见，包含单个动词性结构的最长名词短语常可以分解为以动词为核心的谓词论元结构。以最长名词短语"np_1 p np_2 v np_3 De np_4"为例，这种有序构造表示为图 4-9 所示形式。

整个格式是以 np 为槽的模板。其中，每一个 np 都承担了一个句法语义角色。我们将在第五章第二节中"模板构造与基本名词块"部分介绍更多的复杂有序构造，包括不包含动词性结构的最长名词

---

① 例 4 是通过自省举出的例子。

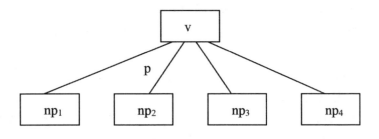

图4-9 复杂MNP的有序构造

短语。

4. 结构特征分析

最长名词短语的直接构造以定中结构和单词结构为主,但内部包含了谓词性结构、饰词性结构等非体词性构造。

包含非体词性构造(NCS)的表层最长名词短语比例高于内层最长名词短语,NCS在表层最长名词短语中的含量也多于内层最长名词短语。从这个角度说,表层最长名词短语仍然是MNP识别的重点问题。但同时也要看到,NCS在内层最长名词短语中的少量分布会成为内层结构识别的难点问题。

在表层最长名词短语中,mod位置上的成分对NCS的容纳能力远远高于head位置和smnp位置,从数据上证实了结构助词"的"是定语复杂化的主要原因,同时也表明,"的"并不是造成复杂结构的唯一因素。因此,MNP识别需要着重解决"的"字结构和含"的"偏正结构所带来的结构歧义,同时还需要关注更多的复杂构造,如联合结构。

即使在复杂定语位置上,体词性结构仍然占据主要位置。根据句法组织的要求,MNP中体词性结构和谓词性结构之间是有序组织的。从不同的视角观察这种有序性,可以为MNP识别提供新的策略。

三、内部成分分布

内部成分分布在词语层面考察最长名词短语的内部分布情况。句法结构分布重点考察了非体词性结构的分布情况,我们在考察对 MNP 长度分布、标点分布的同时,着重考察 MNP 的体词性特征。

1. 长度分布

短语的长度是指其所包含的词语数量,包括标点符号等切分单位计数。周强等(2000)以长度为依据对最长名词短语(sMNP)进行划分,长度≤5① 的为简单名词短语,否则为复杂最长名词短语,发现复杂最长名词短语识别效果远低于简单名词短语,说明长度因素对识别效果有一定影响。

组块理论认为人的短时记忆容量为 7±2 个组块。由于组块是经由短时记忆形成的,因此简单组块的长度也多在此容量以内。考察 MNP 的长度分布(图 4-10)可以观察 MNP 在多大程度上可能形成组块。

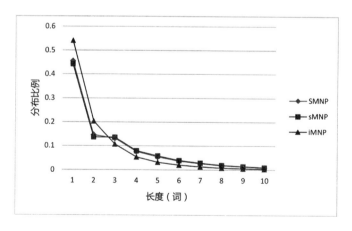

图 4-10 MNP 长度分布

---

① 根据 Miller(1956)的研究,长度 5 恰好是短时记忆容量的下限。

MNP 在长度上有三个明显特征：

首先，它是一种长距离结构。平均长度为 3.03，多词结构平均长度为 4.73，最大长度为 130 词以上。作为常见结构类型，MNP 占据了平均句长的 55%左右①，其识别能够大大减少句子长度，从而降低句法分析的难度。

其次，主宾语位置长度分布不均匀。由于宾语位置多是句子焦点，承载新信息，而主语位置主要是话题，承载已知信息，宾语位置的结构长度远大于主语位置。由于名词短语主要是左扩展结构，宾语位置上长度更大意味着 MNP 在宾语位置上可能形成较多的长距离依赖关系。

再次，大部分结构集中分布在长度区间[1,5]上。长度为 1 的 MNP 占 45%以上的比例；长度在 5 以内（含）占 86%以上，在 7 以内（含）的占 92%以上，而在 9 以内（含）的占 95%以上。从这个角度看，它具备了构造组块的可能性。

一般而言，长距离分布是结构识别的难点，因为容易形成长距离依赖关系。因此，对于观察范围有限的统计机器学习模型来说，超出观察范围的结构常常难以获得有效辨识。而为了获取更多的有效特征，通常需要不断扩大观察范围，也会引入更多的噪声。所以，如何选择合适的模型，并有效地扩展模型的观察视野，是我们研究的重要问题。

2. 标点分布

标点分布主要指标点符号分布在（表层）MNP 内部的倾向性②，是某种标点分布在 MNP 内部的数量与其在语料中分布总量的比值（图 4-11）。标点分布可以为语料预处理提供参考依据。

在标号中，书名号标识名词性成分，所有的书名号都分布在

---

① 句长计算包括标点符号，大部标点符号位于 MNP 外部；不算标点，MNP 占平均句长的 63%左右。

② 内层最长名词短语中的标点符号较少，这里仅统计了表层最长名词短语中的标点分布。

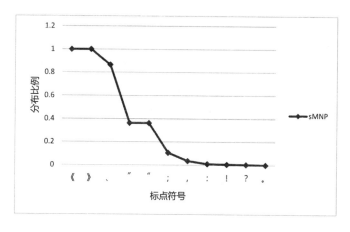

图 4-11　标点符号分布倾向

MNP 内部;引号有四种功能:表示特定称谓,表示引用,强调特殊含义,表示讽刺或否定。后三种功能既可以标识名词性成分,也可以标识非名词性成分,包括句子。

在句中点号中,顿号倾向于连接名词性成分,但也能连接动词性或形容词性成分。MNP 内部的分号主要用于列举名词性成分;冒号用于宾语位置的复指结构,如:"[它/rN] 有/v [两/m 个/qN 分支/n :/:环境污染化学/n 和/c 环境分析化学/n]。/。"值得注意的是,较长 MNP 可以使用逗号表示说话时的停顿。

句末点号句号、问号、感叹号也有极少量分布在 MNP 中,主要位于引号和书名号等标号内部。

3. 起始特征

按照生成语法学派的观点,限定词 D 而非名词 N 是整个名词(性)短语的句法中心成分,汉语中限定词常由代名词、量词(数量结构)或者"的"充任。尽管不看作句法核心,传统结构主义理论通常也把这些成分作为名词短语的句法特征。除"的"以外,这些特征一般分布在名词短语的起始位置(L_0 及 N_1 位置)。限定词通常可以较好地预测名词短语的左边界,对于最长名词短语的预测作用还要进一步考察。

起始特征是指在 L_0 及 N_1 位置出现概率较高(起始概率)的词语或词类特征。表 4-10 基于一元语法(L_0)和二元语法(L_0N_1)提取了模式频次大于 30 时,起始概率居 10 位的词类特征。

表 4-10 起始词类特征

序号	L_0	概率(%)	L_0N_1	概率(%)
1	rN	95.08	nR nP	92.16
2	rT	94.46	nO nS	91.18
3	rS	85.15	rB qT	90.03
4	t	81.16	nR t	87.76
5	nP	75.27	rN s	86.49
6	nS	74.46	nS s	86.30
7	rB	71.29	rN u	86.27
8	s	65.35	bnS	86.14
9	nO	63.42	rN n	82.41
10	iN	60.40	zm	82.35

起始位置出现了对 MNP 具有较好预测作用的特征。包括三类,一类是称代性成分,主要是起照应功能的人称代词,出现在单词结构中;一类是指别性成分,如指示代词、区别词、起指别功能的人称代词等;一类是命名实体,如人名、地名、机构名。指别性成分的功能是一组事物中确定出个体,而命名实体本身就是确定的个体。从这个意义上讲,确指性是多词 MNP 起始位置的重要特征,并从句法角度佐证了 SMNP 作为一个语言学范畴的现实性。

数量结构在起始位置上并没有明显的分布偏向,起始概率在 50% 左右。数量结构常分布在指别性成分后①,形成"rN m qN"序

---

① 陆丙甫(2005a,2005b)认为,可别度是语序分布的共性因素,在其他条件相同的条件下,可别度越高的成分越倾向于前置,指别词的可别度高于数词,其先后分布顺序较为稳定。

列,在这种模式下,数量结构位置稳定,仍然能够预测左边界;但是,在含"的"最长名词短语中,数量结构还可以自由地分布在一般名词短语的起始位置,如"的"之后。相比之下,指别性高的成分与MNP有更好的对应关系。

4. 中心特征

R_0 位置是汉语名词短语的语义中心所在,是生成语法和结构主义理论的共识。从识别的角度看,语义中心主要分为三种,第一种是指代性中心,常组合为句法关系,不易形成词汇搭配关系,主要包括各类代词;第二种是命名实体中心,包括人名、地名、机构名、时间名,不易形成词汇搭配关系,但地名和时间名有明显的句法搭配特征,常出现在介词"在"之后;第三种是普通的语义中心,很多可以形成词汇搭配关系,主要是名词(表4-11)。

表4-11 语义中心分布

类型/比例(%)	典型词类	比例(%)
普通语义中心 71.02	n	63.27
	vN	4.54
	iN	0.22
命名实体中心 10.45	nP	3.87
	t	2.51
	qT	2.06
	nS	1.50
	nO	0.16
指代性中心 14.93	rN	14.34
	rS	0.42
	rT	0.16
非语义中心 3.61	u	2.20
	》	0.35

表层最长名词短语的中心分布与句法级最长名词短语类似。统计表明,绝大部分最长名词短语都具有语义中心,以普通名词最多。

语义中心词在结构主义理论中也是句法中心词,能够代表MNP,与句中搭配词形成句法搭配和词汇搭配关系。在确定右边界的基础上,可以引入搭配关系帮助确定左边界;同样,在确定左边界的基础上,也可以利用搭配识别右边界。

5. 内部构成分析

长距离依赖关系是短语识别的难点。然而,结合中心分布和长度分布的统计结果,MNP 在宾语位置上已经出现较多的长距离依赖关系,这些长距离依赖关系不仅可以是句法关系,还可以是词汇依赖关系。因此,MNP 识别需要在选择合适的统计机器学习模型的基础上,进一步挖掘利用长距离依赖关系的方法。

起始位置常常记载了名词短语的句法特征。其中,确指性特征和称谓代词分别对多词 MNP 和单词 MNP 的左边界有很好的预测作用。表达指别功能的指示代词以及人称代词等可以作为左边界的识别特征。

MNP 对标点符号具有较强的容纳性,并且表现出一定的容纳规律。语料断句时应根据各种标点的分布情况设置处理规则,一方面减短句长,降低系统开销和识别复杂性;另一方面,尽量保留被标点分割的 MNP 的完整性,避免被切成多句。

第四节 复杂性与 MNP 构造

综合统计分析的结论,我们从结构复杂性的角度对 MNP 进行分类描写,并结合其分布位置,在线性序列层面观察对 MNP 识别可能产生的影响。

一、复杂性

复杂结构在识别过程中需要有针对性地予以解决。因此,复杂性是最长名词短语研究的常见话题,用以度量识别的难易程度。周强等(2000)以长度为标准,将最长名词短语分为简单 MNP(长度＜5)和复杂 MNP(长度≥5),发现复杂 MNP 的识别效果远低于简单 MNP。

钱小飞(2007)将视角着重转入结构特征,将 MNP 分为含"的"最长名词短语和不含"的"最长名词短语,认为前者的复杂度远高于后者,研究只识别了复杂含"的"最长名词短语,没有进行实际数据的对比。

我们主要从两个角度界定最长名词短语的复杂性:

第一,内部成分的分布倾向性。具有较高外部倾向性或者内部倾向性较低的成分会大大增加 MNP 的识别歧义,因此,包含动词、动词性结构[①]和饰词性结构的最长名词短语是复杂 MNP。

第二,结构的标记性。"的"、顿号等标记成分常常引入结构歧义或识别歧义。如"v np$_1$ De np$_2$"结构中,NP$_1$ 可能是内层 MNP,但也可能作为最长名词短语"np$_1$ De np$_2$"的一部分。

这两方面是一致的。理论上说,标记成分所连接的两个成分概念距离比较远。当具有外部倾向性的结构,如动词性结构和饰词性结构作定语时,一般需要引入标记成分。

据此,我们把不包含动词、动词性结构、饰词性结构、有标记联合结构以及结构助词"的"等标记的最长名词短语[②]称为简单最长名词短语,大致对应基本名词块的概念;而把包含这些成分的最长名词短语称为复杂最长名词短语。

二、简单最长名词短语

简单最长名词短语以无标记定中结构为主,还包括单词结构、无标记联合结构、简单附加结构以及重叠结构、顺序结构等直接结构类

---

① 动词的内部分布比例为 18.77%,形容词的内部分布比例为 63.54%。因此,动词作为复杂结构的界定因素,而形容词内部倾向性较高,可以自由地作定语,作谓语时所在结构简单且受到较强的词汇约束,很少带宾语,不作为界定因素。

② 方位结构和附加结构需要分类考察。

型。其中,后五种结构将在第四节中"有形式标记的结构"部分详细介绍。这里重点介绍无标记定中结构。

从定语分布顺序看,无标记定中结构的一般构造形式为:

[领属成分] + [指示代词] + [数词] + [量词] + 简单核心结构

其中,领属成分常由人称代词充当,简单核心结构的主要形式为"[形容词|区别词|名词]⁺ + 名词|时间词|处所词"①。领属成分、指示代词、数词和量词是可选成分;名词性成分,包括处所词性成分和时间词性成分是强制出现成分。由此形成了多种结构类型(表4-12)。

表4-12 简单最长名词短语的结构类型

结构类型	示 例
属指数量名结构	她/rN 那/rN 两/m 只/qN 眼睛/n
属指量名结构	我们/rN 这/rN 个/qN 星球/n
属数量名结构	我/rN 一/m 个/qN 朋友/n
属名结构	我/rN 大爷/n
指数量名结构	这/rN 一/m 对/qN 青年/n
指量名结构	这/rN 把/qN 年纪/n
指数名结构	这/rN 一/m 事件/n
指名结构	那/rN 声音/n
数量名结构	一/m 串/qN 脚印/n
量名结构	(像/p) 片/qN 枯叶/n
数名结构	一/m 巴掌/n
简单核心结构	经济/n 情况/n

大多数无标记定中结构以简单核心结构的形式出现。

综合各类结构的分析,简单最长名词短语是典型的名词结构而不是名词性结构,其特点是结构成分具有良好的内部分布倾向性。

---

① 上标"+"表示重复。

三、复杂最长名词短语

复杂最长名词短语分为两种,一种是有形式标记的复杂 MNP,一种是无形式标记的复杂 MNP。

(一) 有形式标记的结构

第三节中的"位置分布差异"统计表明,"的"字参与使得"的"前定语位置包含谓词性和饰词性结构的比例更高;但这两类结构也存在于不含"的"最长名词短语中,说明"的"字参与是造成复杂结构的主要原因,但不是唯一原因。利用语料库观察发现,复杂 MNP 的形式标记至少有 8 种。我们从形式标记分类出发描述复杂 MNP 构造。

1. 结构助词"的"

引入"的"字结构和含"的"偏正结构,表现为:

结构一:定语 + De_2 | De_3 + 中心语。

结构二:定语 + De_3。

其中,定语可以是名词性、动词性、形容词性成分等。中心语以名词成分为主,也可以是简单状中结构、述宾结构、主谓结构等谓词性成分。

例 5 [[谢老/nP] 在位/v 的/u 时候/n],/,[最/dD 怕/v 的/u] 是/vC 过年/v,/,

2. 结构助词"之"

引入定中式结构。形式为"定语 + 之 + 中心语",多具有文言色彩。其中,定语和中心语可以是名词性、动词性或形容词性成分。

例 6 [咱/rN] 不/dN 表/v [[郝氏/nP 三/m 兄弟/n] 孝敬/v [老母/n] 之/u 详情/n],/,单说/v [昨日/t 上午/t 发生/v 之/u 事/n]。/。

3. 等|等等

引入两种附加结构。与"的"不同,"等|等等"并不具有标记名词性成分的功能。

结构一：[中心语1 ＋ 等|等等] ＋ 中心语。
结构二：中心语 ＋ 等|等等。

结构一将"中心语1"归纳为"中心语"，可以对名词性成分进行归纳，也可以将动作、事件归纳为名词性成分。结构二表示列举未完。因此，"中心语"是名词性成分，"中心语1"可以是名词性成分，也可以是动词性成分。

例7 办理/v［合营/vN 公司/n 委托/v 在/p 中国/nS 境外/s 选购/v 设备/n 、/、原辅材料/n 等/u 有关/b 事宜/n］;/;

4. 并列标记

引入联合结构，分为两种情况：

结构一：名词性成分并列。如"大麻/n 和/c 苎麻/n"。

结构二：名词性成分与动词性成分并列。最简单形式有"vp c np""np c vp""dj c np"和"np c dj"四种。这四种模式在语料中分布不多，但比例相当。

例8 通过/p［政治/n 委员/n 、/、党支部/n 和/c 加强/v 政治/n 工作/n］,/,实现/v［无产阶级/n 政党/n 对/p 军队/n 的/u 领导/vN］;/;

当名词性成分和动词性成分并列时，几乎都提升为名词性短语。这是因为，谓词性成分实现指称化比名词性成分作谓语的约束更少，一个佐证是汉语谓词性结构可以作主宾语。

5. 量词和指量名结构

结构一：量词＋动词。首先，在口语中，名量词"个""种"等可以帮助动词在表达层面实现指称化。如"有/v［个/qN 照应/v］"。

结构二：动词|动词性结构 ＋ 指量名结构。

例9 把/p 精力/n 集中/v 到/vB［学习/v 、/、宣传/v 、/、研究/v 建设/v 有/v 中国/nS 特色/n 社会主义/n 理论/n 这/rN 个/qN 共同/b 任务/n］上/f。/。

6. 者

名词性成分后缀。引入附加结构。一般形式为"定语 ＋ 者"。其中,定语可以是数词、动词性成分等。如"唯一/b 能/vM 体验/v 者/k"。

7. 所

一般由"所+动词"或"np+所+动词"构成。如"大作/n 所/u 论/v"。

8. 对称标点

引号、书名号可以帮助谓词性成分完成指称化过程。如"《/《 奇袭/v 》/》"。

通过以上分析可以看出,几乎所有标记都可以引入谓词性成分,从而使得 MNP 内部构造更为复杂。

（二）无形式标记的结构

一些复杂 MNP 包含动词性结构,但是不存在"的"等明显的形式标记,称为无形式标记的最长名词短语,以动词或动词性结构直接作定语为主。

动词或动词性结构直接作定语的相关因素很多,如音节模式、动名词配价关系、名词语义角色、词语范畴层级等(李晋霞,2008)。很多因素对于能否构成定中结构的影响存在程度的差别。我们着重关注三种具有词汇特征的结构类型。

1. 动词 + 抽象名词

抽象名词常是对事件要素的归纳。下面的例子概括了"生产"事件的主要要素。

例10　生产 时间、生产 地点、生产 过程、生产 能力
　　　生产 速度、生产 效率、生产 技术、生产 手段
　　　生产 主体、生产 人员、生产 目的、生产 对象
　　　生产 条件、生产 结果、生产 资料、生产 理念

这些名词作为事件要素的概括,可以与多个动词形成定中关系。

2. 复指指称化构造

动词和名词之间语义上存在属种关系。名词是对状态、动作或事件的概括,常为事件类名词或心理类名词,如"事件、行动、活动、精神、心理"等。主要形式为"动词|动词性结构 + 名词"。

例11　一些/m 阿拉伯/nS 国家/n 25/m 日/qT 对/p［被/p 占/v 领土/n 巴勒斯坦人/n 在/p 约旦河/nS 西岸/n 哈利勒市/nS 易卜拉欣/nR 清真寺/n 惨遭/v 枪杀/v 事件/n］作出/v 反应/v,/，强烈/aD 谴责/v 枪杀/v 巴勒斯坦人/n。/。

复指指称化构造可以进入有标记形式"动词|动词性结构 + 指量名结构",其中,名词在一定程度上起了指称化的作用。

3. 一价动词|动词性结构＋名词

首先,一价动词及其参与构造的动词性结构与名词形成句法关系时,一般是定中关系,如"伐木/v 工人/n"。其次,二价动词构造动宾结构,配价消解为1后,再与名词发生句法关系时,一般也形成定中关系,如"受/v 教育/n 程度/n"。

词类标注工作一般将直接作定语的动词标注为动名词,并且具有较高的正确率。因此,无标记结构的识别难点主要在于含动词性结构的复杂MNP。

四、识别难点分析

句法结构和句法位置(功能)相互作用,外化为MNP的线性表面。MNP的识别歧义也是两者共同作用的结果。有形式标记的复杂MNP是引入歧义的主要原因。但由于特殊句法位置的存在,部分简单MNP的边界也难以确定。识别难点归纳如下：

（一）动词介词内含

动词或介词包含在MNP内部,且不位于起始位置或中心位置,难以明确是否邻接词,造成左边界或右边界难以确定。主要由以下结构造成：

1. 主谓结构作定语或定语成分

例12　［这/rN］就/d 是/vC［中国/nS 传统/a 医学/n 所以/c 具有/v 丰富/a 内容/n 和/c 多样性/n 特点/n 的/u 原因/n］。/。

2. 状中结构作定语

例13　［由/p K·B·奥斯特罗维佳诺夫/nP 主编/v 的/u 政

治/n 经济学/n 教科书/n］反映/v 了/u［当时/t 在/p 苏联/nS 经济学界/n 占/v 优势/n 的/u 经济/n 观点/n］。/。

3. 修饰语 ＋［介宾结构 ＋ De ＋ 中心语］

例 14 ［他们/rN］论述/v 了/u［劳动/n 在/p 人类/n 产生/vN 过程/n 中/f 的/u 决定性/n 作用/n］,/,

4. 有标记联合结构

如典型"dj c np"结构。

(二) 边界处连续的动词介词分布

动词介词位于起始位置,并且左邻接词也是动词或介词。主要由以下结构造成：

1. 动词、动宾结构、连谓结构及动词性联合结构作定语

例 15 ［电子学/n］用/v 于/p［油田/n 开发/vN］,/,可以/vM 提高/v［找/v 油/n 的/u 成功率/n］,/,

2. 介词结构作定语

例 16 但/c 由于/c［他/rN］过/dD 早/aD 逝世/v,/,未/dN 能/vM 进一步/d 阐述/v 和/c 发展/v［关于/p 社会主义/n 法制/n 的/u 理论/n］。/。

3. 有标记联合结构

如典型"vp c np"结构。

(三) 名词边界歧义

邻接词由名词性成分充当,主要由特殊句法结构和句法功能造成。

1. 主谓谓语句

例 17 ［藏医/n］［历史/n］悠久/a,/,

2. 名词成分作状语

例 18 ［工业/n 产量/n 和/c 对/p 外/f 贸易/n］［大/a 幅度/n］增长/v。/。

3. 主语＋后置词结构

例 19 ［特殊社会学/n］［实际/n］上/f 是/vC［分科/vN 社会

学/n]。/。

4. 双宾结构

例20 [前天/t] 不/dN 是/vC [你/rN] 亲手/d 交给/vSB [我/rN] [一/m 份/qN 材料/n] 么/y？/？

5. 动宾结构直接作定语

例21 在/p [常规/b 时期/n],/, [具有/v 同一/b 范式/n 的/u 科学/n 共同体/n 从事/v [解/v 难题/n 活动/n]],/,

（四）典型歧义结构

相同的线性词类模式,可能具有不同的分析方式,如"vp np₁ u np₂"存在两种不同的 MNP 结构①。

例22 有/v 价值/n 的/u 成果/n
例23 提高/v 产品/n 的/u 质量/n
例24 摧毁/v 敌军/n 的/u 前锋/n

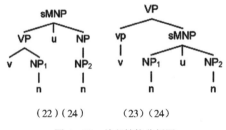

图 4-12　歧义结构分析图

第五节　识别策略的确定

多层级的句法 MNP 至少面临着三种识别策略的选择：自底向上识别、自顶向下识别和不分层识别。统计分析为识别策略的选择提供了一定的依据：

---

① 例 22、23、24 是通过内省举出的例子。

第一,内层和表层最长名词短语在分布特征上具有一定程度的一致性。

第二,表层最长名词短语的邻接概率更高。

从第一点看,似乎不分层识别策略最符合线性特征,但是不分层的策略存在两个方面的困难:首先,统计机器学习模型特别是序列标注模型,常常难以保证左右边界的相互匹配;其次,由于 MNP 是多层结构,在线性序列中,单个词语可以拥有多个边界,多边界难以合理地表达。

第二点揭示了层次分布倾向所带来的巨大影响,表层 MNP 的邻接特征对于 MNP 边界有更好的预测作用,从而相比于自底向上策略,自顶向下的策略应该可以取得更好的效果。

自顶向下识别策略的另一个优点在于,表层结构的识别为内层结构提供了更多的约束特征,如范围约束,可以大大缩减内层结构的识别歧义。

当然,MNP 作为一种长距离依赖的结构,自顶向下的识别策略特别是表层最长名词短语的识别,也需要注重改善长距离依赖关系与模型的观察窗口约束的矛盾,我们在第五章中予以介绍。

第五章
表层最长名词短语的识别

表层最长名词短语是句法级最长名词短语的主体,也是自然语言处理领域最为关注的名词短语类型之一。作为单层短语,它在文本中呈线性排列,互不交叠,适合采用统计机器学习模型进行识别。在此基础上,如何制定合理的识别策略,选择有效的识别特征,是我们重点关注的问题。本章首先介绍和选择识别 MNP 所使用的统计机器学习工具,然后详细介绍一种基于基本名词短语归约的表层最长名词短语识别方法,并对实验结果进行分析,进一步提出基于语言知识评价的分类器集成方法。

第一节 统计机器学习模型及其选用

对于组块分析任务而言,统计机器学习方法是主流方法。统计机器学习模型大致分为两种:生成模型(generative model)和判别模型(discriminative model)。典型的生成模型如隐马尔科夫模型、朴素贝叶斯分类器,判别式模型包括最大熵模型、条件随机场、支持向量机等。我们介绍一种生成模型——隐马尔科夫模型,以及两种判别模型——条件随机场和支持向量机。

一、隐马尔科夫模型(HMM)

隐马尔科夫模型(HMM,hidden markov model)最初是 20 世纪 60 年代由 Leonard E. Baum 等人发表在一系列统计学论文中,已成功地应用于语音识别、词性标注、文字识别等领域。

HMM 描述了一个双重的随机过程:第一,从一个状态转移到另外一个状态,即马尔科夫过程;第二,状态转移时生成或接受某个符号。与马尔科夫过程不同,在隐马尔科夫模型中,能够观察到的是状态转移时生成或接受的符号,而状态本身无法被直接观察到,故称作隐马尔科夫模型。隐马尔科夫模型有五个组成部分:

(1) 状态集合 Z。

(2) 符号集合 W。

(3) 状态转移概率矩阵 $A=\{a_{ij}\}$,a_{ij} 表示从状态 i 转移到状态 j 的概率:

$$a_{ij} = P(S_{t+1}=j | S_t=i) \quad\quad 公式5-1$$

其中,$S_t=i$ 表示 t 时刻处于状态 i,以此类推。

(4) 发射概率矩阵 $B=\{b_j(k)\}$,$b_j(k)$ 表示在状态 j 时输出符号 w_k 的概率:

$$b_j(k) = P(O_t=k | S_t=j) \quad\quad 公式5-2$$

(5) 初始状态概率矩阵 $\pi=\{\pi_i\}$。其中,A,B,π 构成了 HMM 的三个参数。HMM 通过观察序列 O 求解最佳隐藏状态序列 S^*。给定模型 λ,根据噪声信道原理,S^* 的求解可表述为:

$$S^* = \mathop{\mathrm{argmax}}\limits_{S} P(S | O, \lambda) \quad\quad 公式5-3$$

作为一种生成模型,HMM 并不直接对 $P(S|O)$ 进行建模,而对上式进行变换。对所有情况,模型 λ 是确定的,可以省略:

$$P(S|O) = \frac{P(S,O)}{P(O)} = \frac{P(O|S)P(S)}{P(O)} \quad\quad 公式5-4$$

对于给定的观察值序列,出现概率 $P(O)$ 也是确定的,故有:

$$S^* = \mathop{\mathrm{argmax}}\limits_{S} P(S|O) = \mathop{\mathrm{argmax}}\limits_{S} P(O|S)P(S) \quad 公式5-5$$

但是,$P(O|S)$ 和 $P(S)$ 概率难以直接计算,一般引入一些简化假设来估计两者的概率值:

(1) 一阶马尔科夫假设:当前状态只与前一个状态相关(确定参数 a_{ij} 形式):

$$P(S) = P(s_1|s_0)P(s_1|s_2)P(s_3|s_2)...P(s_i|s_{i-1}) \quad 公式5-6$$

(2) 独立性假设：当前观察值只由当前状态生成（确定参数 $b_j(k)$形式）：

$$P(O|S) = P(o_1|s_1)P(o_2|s_2)P(o_3|s_3)...P(o_i|s_i) \quad 公式5-7$$

由公式5-5可以看出，HMM计算的是观察序列和状态序列的联合概率，其所引入的独立性假设（公式5-7）认为当前观察值是由当前状态生成的，与其他状态相互独立，这样就难以表现句法中存在的长距离依赖关系，也很难容纳多种复杂特征，如语义特征、前后词特征，等等。然而，作为我们的识别对象，MNP又是一种内部结构复杂、长距离依赖明显的短语。例如：

例1

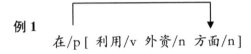

在/p [利用/v 外资/n 方面/n]

其中，"p v n"是一种常见的谓词边界歧义类型。然而，二元组词形（在，方面）形成了比较稳固的搭配关系，如果训练数据充分，对于确定左边界位于"在"之后，而非"利用"之后有很大的帮助。但很显然，这样的信息在诸如HMM的生成模型中难以获得应用。

二、条件随机场(CRF)

条件随机场(Conditional Random Field)是Lafferty等人在2001年提出的一个序列分割和标注模型，是一种在给定输入节点条件下计算输出节点条件概率的无向图模型。条件随机场的一般定义如下：

令$G=(V,E)$是一个无向图，$Y=\{Y_v|v\in V\}$是以G的顶点为索引的随机变量Y_v的集合。如果以X为条件，每一个随机变量Y_v对于G遵守马尔科夫属性[①]：$P(Y_v|X,Y_w,w\neq v)=P(Y_v|X,$

---

① 马尔科夫属性可简单描述为：一个随机变量序列按时间关系依次排开，在t+1时刻随机变量的取值，仅与t时刻随机变量的取值有关，而与t时刻之前的随机变量的取值无关。

$Y_w, w \sim v$)①,那么,(X,Y)就构成一个条件随机场。

理论上,图G的结构可以是任意的,它描述标记序列中的条件独立性,但最简单也最重要的是线性链结构,它假定Y中序列满足一阶马尔科夫属性。条件随机场定义在X的全局条件之上,X的所有属性都可以为决策任意顶点的Y_v提供依据。

作为判别式模型,在噪声信道公式5-3中,条件随机场直接对$P(S|O)$,即$P(Y|X)$建模。条件随机场将无向图G划分为若干个团(Cliques),即最大全连通子图。根据Hammersley-Clifford定理,团分解了无向图的联合分布概率,因此,G的联合分布概率可以用定义在团上的势函数的乘积计算。假定C表示G中团的集合,在给定x的条件下,y的联合分布概率可表示为:

$$P(y|x) = \frac{1}{Z(x)}\exp(\sum_{c\in C}\sum_k \lambda_k f_k(c, y_c, x)) \quad \text{公式5-8}$$

在线性链CRF中,G中的最大团即其边:$c = e = (i-1, i)$,因此,给定观察序列x的条件下,相应标记序列y的条件概率可表示为:

$$P(y|x) = \frac{1}{Z(x)}\exp(\sum_i\sum_k \lambda_k f_k(y_{i-1}, y_i, x) + \sum_i\sum_k \mu_k g_k(y_i, x))$$

公式5-9

其中,$Z(x)$是归一化因子:

$$Z(x) = \sum_y \exp(\sum_i\sum_k \lambda_k f_k(y_{i-1}, y_i, x) + \sum_i\sum_k \mu_k g_k(y_i, x))$$

公式5-10

$f_k(y_{i-1}, y_i, x)$描述位置$i-1$和i上的标记特征,$g_k(y_i, x)$描述位置i上的标记和整个观察序列x的特征。通过训练每一组状态对(y', y)和状态-观察值对(y, x),使得模型具有类似HMM的特征:

$$f_{y',y}(y_u, y_v, x) = \begin{cases} 1, \text{如果 } y_u = y', y_v = y \\ 0, \text{其他} \end{cases} \quad \text{公式5-11}$$

---

① w≠v 表示 w 是 v 以外的所有节点,w~v 表示 w 是与 v 连接的所有节点。

$$g_{y,x}(y_v, x) = \begin{cases} 1, \text{如果 } y_v = y, x_v = x \\ 0, \text{其他} \end{cases}$$ 公式 5-12

这些特征函数的参数 $\lambda_{y',y}, u_{y,x}$ 大致相当于 HMM 中状态转移概率 $P(y'|y)$ 和发射概率 $P(y|x)$ 的对数值。条件随机场为每对状态转移赋予一个非归一化的权值,这些权值在考虑全部状态序列的基础上,根据相应的观察值给出。单个的转移将放大或抑制其传递到后继状态的概率分配,同时,任意状态序列的权值由全局归一化因子给出,使得条件随机场有效地避免了标记偏置问题。模型的训练就是要获得权值参数向量 $\theta = (\lambda_1, \lambda_2, \cdots; \mu_1, u_2, \cdots)$,一般采用最大化对数似然函数的方式估计参数,使用迭代缩放算法训练模型。

根据以上描述,可以归纳出条件随机场两个方面的优点:

第一,条件随机场定义在观察值的全局条件之上,不存在严格的独立性假设,观察值的所有属性都可以为决策任意顶点上状态变量的取值提供依据。以序列标注任务为例,线性链条件随机场与HMM 的结构图比较如下(图 5-1、图 5-2):

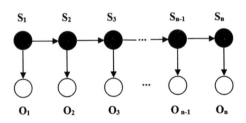

图 5-1 一阶隐马尔科夫模型有向图

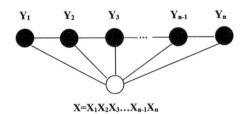

图 5-2 线性链条件随机场无向图

在 HMM 中,独立性假设规定了当前观察值由当前状态生成,也就是说,在观察序列层面,只有当前观察值 O_t 才能对当前状态 S_t 的取值发挥决策作用;而条件随机场则可以利用整个观察值序列 O 的特征,以决定当前状态 S_t 的取值。显然,条件随机场能够引入长距离依赖特征,这些特征可以表示同一个观察序列的不同颗粒的属性,或者是这些属性的组合。对于内部结构复杂,长距离依赖明显的最长名词短语而言,条件随机场显然比生成模型更能胜任这样的标注任务。仍以例 1 为例,当观察窗口扩展到前后 3 个词时,理论上模型可以学习到(在,方面)这样的依赖特征,用以决策当前词"利用"是否位于左邻接词位置。

第二,条件随机场在观察序列下,使用一个指数模型给出整个标记序列的联合概率,比之于在状态变量序列的每个节点位置建立指数模型,预测下一节点位置的状态分布,带来了两方面的好处:

一方面,条件随机场为每对状态转移赋予一个非归一化的权值参数,而不在状态变量序列的每个节点位置进行归一化,有效地避免了诸如最大熵隐马模型的标记偏置问题。

另一方面,对所有特征进行全局归一化能够更好地表达特征在全局条件下的重要程度,使得实际数据中特征相互依赖性高的时候,条件随机场模型较其他判别式模型往往能表现出更好的效果,获得了很好的特征融合能力。

三、支持向量机(SVM)

支持向量机(SVM,support vector machine)是 Vapnik 等人于 1995 年提出的一种基于统计学习理论的新型机器学习算法,具有较好的推广能力和非线性处理能力,尤其在处理高维数据时,有效地解决了维数灾难问题[①],在人脸检测、手写体数字识别、语音识别等多

---

① 维数灾难(Course Dimensionality):科技计算中问题的维数(变量的个数)可能高达数百甚至数千。对这类问题,难度随维数的增加呈指数增长,即所谓的"维数灾难"。

个领域得到广泛应用。

SVM的主要思想概括为两点。第一,针对线性可分情况进行分析,对于线性不可分的情况,通过非线性映射算法把样本映射到高维特征空间,使其线性可分;第二,基于结构风险最小化原理[①],在特征空间中建构最优分类超平面,使得分类器得到全局最优化,并且在整个样本空间的期望风险以某个概率满足一定上界。

假设存在训练样本$\{(x_i, y_i)\}$,$x_i \in R^n$,$y_i \in \{-1, +1\}$,R^n为n维实数空间,$i = 1, 2, \cdots, l$,l是样本个数,可以被某个超平面$w \cdot x + b = 0$没有错误地分开,则与两类样本点距离最大的分类超平面称为最优超平面。距离最优超平面最近的异类样本点被称为支持向量(SV,support vector)。最优超平面由离它最近的少数样本点(支持向量)决定,而与其他样本无关。SVM的训练目标是最大化分类间隔,求取最优超平面,然后利用它对测试样本进行分类(图5-3)。

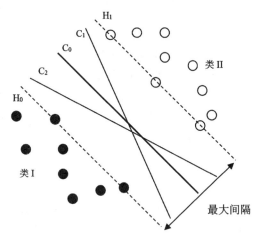

图5-3 SVM原理示意图

---

① 结构风险包括经验风险和置信风险。经验风险代表了分类器在指定样本上的误差;置信风险代表了分类器在未知样本上的分类可信度。

图中实圆圈和虚圆圈分别代表两类样本。H_1 和 H_2 是这两类中离分类超平面最近的样本,且平行于分类超平面的超平面(图中平行于 C_0),它们之间的距离就是分类间隔。分类超平面 C_0、C_1、C_2 都可以将类 I 和类 II 完全正确地分开,使得模型的经验风险最小,但只有最优超平面 C_0 使得分类间隔最大,使得模型的置信风险最小,获得最佳的泛化能力。

基本的 SVM 针对两个类别的分类问题,为了实现多分类,需要对 SVM 进行扩展。扩展多类分类器的方法主要有两种:一种是直接法,通过修改目标函数,将多个分类面的参数求解合并到一个最优化问题中,通过求解该最优化问题一次性实现多类分类,这种方法计算复杂度高,只适合小型问题;另一类是间接法,通过组合多个二元分类器来实现多分类器的构造,常见的组合方法有一对多法和一对一法。

一对多法(OVR,one-versus-rest)。训练时依次把某个类别的样本归为一类,剩余类别的样本归为另一类,k 个类别的样本构造 k 个 SVM。分类时将未知样本分类为具有最大分类函数值的类别。

一对一法(OVO,one-versus-one)。训练时为任意两类样本设计一个 SVM,k 个类别的样本构造 k(k-1)/2 个 SVM。当对一个未知样本进行分类时,根据这些 SVM 的识别结果进行投票,得票最多的类别即为该未知样本的类别。LibSvm 和 TinySvm 中的多类分类根据该方法实现。

基于 SVMs 的序列标注器本质上是一个确定性模型,它将序列标注看作一串分类问题,使用分类器为每一个位置选择最优标注结果,以单个位置上的局部最优近似全局最优,标注状态确定性地传递,后续的决策可以使用前面已产生的所有标注结果,并能以较少的计算消耗使用历史标注信息(鉴萍等,2009)。

四、工具选择与语料格式

隐马尔科夫模型严格的独立性假设使得它难以表达 MNP 的长距离依赖特征,而条件随机场与支持向量机可以自由地表达这些特征。条件随机场的优点在于可以获得全局最优解,具有较好的特征融合能力,而基于支持向量机的序列标注模型适合具有显著引导特征和历史依存关系的序列标注任务。我们选择 CRF 和 SVM 作为识别 MNP 的工具,并以 CRF 为主要工具。

开源 SVM 和 CRF 工具包版本众多。我们使用的是由日本松本实验室 Taku Kudo 博士开发的 CRF++[①]和 Yamcha[②] 工具包。Yamcha 软件包以 TinySVM[③] 为内核。CRF++ 和 Yamcha 专门针对自然语言处理开发,其处理的文本格式遵循国际自然语言处理的基本格式,标注实例如下(图 5-4):

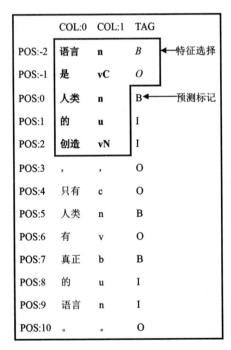

图 5-4 语料处理标注格式

---

① http://crfpp.sourceforge.net/.
② http://chasen.org/~taku/software/yamcha/.
③ http://chasen.org/~taku/software/TinySVM.

最后一列是分类结果,其他列是候选的基本分类特征列,如第一列是词形特征,第二列是词类特征。CRF++和Yamcha基于候选特征列选择特征。

Yamcha工具包在训练时直接输入特征参数,在训练语料片段中,当前位置是POS:0,黑色粗框中的语料是训练的特征集合,其中加粗字体部分是静态特征,斜体部分是动态特征。静态特征是指特征序列,动态特征是指已预测的标记序列。图中训练语料使用的特征参数为:F:-2..2:0.. T:-2..-1。意思是静态特征选择范围为:纵向从POS:-2到POS:2,横向从COL:0到最后的COL,该例中为COL:1;动态特征选择范围为:纵向从POS:-2到POS:-1。

CRF++使用特征模板文件来实现上下文特征选择,对应于Yamcha的特征选择范围,CRF++的特征模板格式如下(图5-5):

```
# Unigram
U00:%x[-2,0]              当前词语上文第二个词语
U01:%x[-1,0]              当前词语上文第一个词语
U02:%x[0,0]               当前词语
U03:%x[1,0]               当前词语下文第一个词语
U04:%x[2,0]               当前词语下文第二个词语
U05:%x[-1,0]/%x[0,0]      当前词语上文第一个词语和当前词语
U06:%x[0,0]/%x[1,0]       当前词语和下文第一个词语
U07:%x[-2,1]              当前词语上文第二个词语的词性
U08:%x[-1,1]              当前词语上文第一个词语的词性
U09:%x[0,1]               当前词语的词性
U10:%x[1,1]               当前词语下文第一个词语的词性
U11:%x[2,1]               当前词语下文第二个词语的词性
U12:%x[-1,1]/%x[0,1]      上文第一个词语词性和当前词语词性
U13:%x[0,1]/%x[1,1]       当前词语词性和下文第一个词语词性
# Bigram
B                         输出标记的二元依存特征
```

图5-5 CRF++的特征模板

第二节　基于基本名词短语归约的识别

一、最长名词短语与模板

人们利用简单的组块构造模板,扩展记忆容量。语言模板表达语言学意义。典型的语言模板表达与语言结构相关的语言学意义。比如,最长名词短语以"的"为标记,引入动词性结构时,一般用来提取论元,或者指称动作、状态。此时,其内部保留了底层形式中的谓词论元结构。这种谓词论元结构是最为典型的模板构造。

最长名词短语包含了丰富的典型模板类型。这里举五个例子,模板类型中的括号表示可选成分。

模板一：$[np_1]$ v $[np_2]$ De np_3

表示从底层形式中提取论元,保存了底层结构的论元结构。例如:

例2　底层形式：他/rN 老伴/n 搬来/v 救兵/n
　　　　提取受事：他/rN 老伴/n 搬来/v 的/u 救兵/n

这种谓词论元构造甚至也保留在不含"的"的复杂最长名词短语中,比如"反 [计算机 病毒] [专家]"。

模板二：$[np_1]$ p np_2 De $[d]$ v

例3　底层形式：人们/n 依赖/v 社会/n
　　　　谓词指称化：人们/n 对/p 社会/n 的/u 依赖/vN

表示对动作或状态的指称化描述,需要引入介词作为格标,仍然保留了底层形式中的施事和受事。

不含动词的结构也可以形成有意义的模板,如例4、5、6。

模板三：$[np_1]$ p np_2 De np_3

一般表示 np_1 与 np_2 之间的关系,或者 np_1 对 np_2 态度、评价等。例如:

例4 总公司/n 与/p 企业/n 的/u 关系/n

模板四：np₁ De np₂

一般表述领属关系。例如：

例5 小平/nP 同志/n 的/u 著作/n

模板五：np₁ c np [c np]⁺

表示 np 之间的并列关系。例如：

例6 宪法/n 和/c 法律/n

更宽泛地说,语言模板的意义还可以是模板所对应的语言学范畴,比如语言学专家在研究工作中记住了"rN De a De NP"模式是一个名词短语。从这个意义上说,92%的最长名词短语长度在 7 以内,具备了构造组块或者模板的可能。

从模板的角度观察最长名词短语,如果能够找到一种低层的易识别结构,便可以在一定程度上分解复杂最长名词短语的识别过程。

根据 Abney(1990)的研究,基本块是句法的基础成分(genuine constituent),具有结合紧密、结构简单、易于识别的特征。我们将最长名词短语看作基本块参与构造的模板。由于基本动词块等保留了丰富的识别线索,如"v + 了/u"模式更倾向于作左邻接成分,MNP 可进一步看作建立在基本名词块基础上的模板结构。

二、模板构造与基本名词块

1. 常见模板构造

基于基本名词块(BNP)描述的最长名词短语构造有两种模式(表 5-1)。一是实现模式:基本名词块直接实现为最长名词短语;二是组合模式:基本名词块与其他句法结构或词类组合构成最长名词短语。实现模式占据了绝大部分比例。

表 5-1 sMNP 构造模式

模式	实现模式	组合模式
比例(%)	64.92	35.08

具体考察这些构造模式,频次排在前 10 位的模板覆盖了 sMNP 实例 77% 以上的比例,前 100 位覆盖 85% 以上,这些模板的长度 ≤7,绝大多数模板①的动词包含数量≤1。表 5-2 分别列出了 sMNP 作为名词短语和名词性短语居前 10 位的构造模式,其中,BNP 表示基本名词块。

表 5-2 表层最长名词短语模板及实例

分类	模板	典型意义	实例
名词短语	BNP	简单组块	政治/n 经济/n 问题/n
	BNP u BNP	领属关系	宏观/n 政策/n 的/u 有效性/n
	a u BNP	描述关系	可行/a 的/u 金融/n 政策/n
	BNP c BNP	并列关系	战争/n 和/c 恶性/b 通货膨胀/n
	m qT	时间	1948/m 年/qT
	v BNP u BNP	谓词论元结构	导致/v 通货膨胀/n 的/u 重要/a 因素/n
	BNP v u BNP	谓词论元结构	汉医/n 治疗/v 的/u 基本/a 法则/n
	BNP f u BNP	[空间]关系	手/n 里/f 的/u 病历/n
	v u BNP	谓词论元结构	竞技/v 的/u 形式/n
	" BNP "	—	"/" 通信/vN 图书馆/n "/"
名词性短语	a u	—	红/a 的/u
	BNP u	领有关系	文艺/n 领域/n 的/u
	BNP v u	谓词论元结构	小说/n 写/v 的/u
	v BNP u	谓词论元结构	参加/v 会议/n 的/u
	v u	—	到会/v 的/u
	dD a u	—	最/dD 重要/a 的/u
	BNP u a	—	万物/n 之/u 美/a
	p BNP v u	谓词论元结构	由/p 国家/n 制定/v 的/u
	iV u	—	不容置疑/iV 的/u
	BNP、BNP、BNP u	列举	农业/n 、工业/n 、商业/n 等/u

---

① 包含 2 个动词的模板如:v v u BNP,动词与动词之间可以是述宾关系、连谓关系等。

这些模板结构简单,长度均在 7 以内,多为单动词结构,可以快速地分析出其作为 sMNP 的内部句法结构;大多数复杂模板都保留着识别线索,如助词标记"u"、并列标记"c";很多 sMNP 内部存在与结构相关的语言学意义,是典型的语言模板构造。

2. 名词块归约的影响

根据模板理论,将识别对象看作模板时,填充模板槽的组块被当作一个基本单位从长时记忆中提取,也就是说,组块已经被归约为一个已知的(语义)单位,从而达到了扩充(模板/组块)信息量的目的。

当然,除了上述的常见模板,仍然存在少量 sMNP,内部包含了多个或者多层谓词性结构,这些 sMNP 作为模板存在的典型性更差一些,乃至不能作为模板。但是将 sMNP 看作以 BNP 为槽(slot)的模板,可以给识别任务带来多方面的好处。

首先,大多数的 sMNP 由 BNP 直接实现,识别了 BNP,也就识别了大部分 sMNP。BNP 识别无疑化解了更多的底层歧义,借助于 BNP 的高识别正确率,可以期望简单 MNP 能够取得良好效果,并使模型专注于解决高层结构歧义。

其次,最长名词短语是长距离结构,但统计机器学习模型的观察长度有限。对组合模式的 sMNP 而言,BNP 的识别与归约可以有效地缩短结构长度,扩大模型的观察视野。

例 7 发展/v [mnp 化学纤维/n] 是/vC [mnp 解决/v 人们/n 穿/v 衣/n 问题/n 的/u 重要/a 途径/n],/, 是/vC * [mnp 当代/t 世界/n 各/rB 国/n 发展/v 纺织/n 工业/n 原料/n 的/u 共同/b 趋势/n]。/。

例 8 发展/v {bnp 化学纤维/n} 是/vC 解决/v {bnp 人们/n} 穿/v {bnp 衣/n} {bnp 问题/n} 的/u {bnp 重要/a 途径/n},/, 是/vC {bnp 当代/t 世界/n 各/rB 国/n} 发展/v {bnp 纺织/n 工业/n 原料/n} 的/u {bnp 共同/b 趋势/n}。/。

例 7 标记了表层最长名词短语,* 号标识的结构是我们关注的对象。例8在例7的基础上识别了基本名词块。假设模型的观察窗口为[-3,3]，我们来看 BNP 识别与归约对于判断动词"发展/v"词位的影响。

假设"发展/v"有两个基本词位，在 sMNP 结构内部，标记为 I；在 sMNP 结构外部，标记为 O。如果在例7中直接识别 sMNP，模型的视野被限制在 sMNP 内部，位于"世界/n"和"原料/n"之间，用于判断"发展/v"词位的原子特征包括{(n,-3),(rB,-2),(n,-1),(v,0),(n,1),(n,2),(n,3)}，模型很容易将"发展/v"对应于词位 O，因为"世界/n 各/rB 国/n 发展/v 纺织/n 工业/n 原料/n"是一个合法的主谓结构，类似的主谓结构完全可能具有相同的特征集合，因此模型难以判别"发展/v"是位于 MNP 之内，还是之外。

然而，当识别 BNP 并归约为中心词之后，模型的视野扩展到逗号"，"和词语"趋势/n"之间，覆盖了整个 sMNP，用于判断"发展/v"词位的原子特征包括{(,,-3),(vC,-2),(n,-1),(v,0),(n,1),(u,2),(n,3)}，其中，(vC,-2)(u,2)及相关组合特征对于判定"发展/v"的词位意义重大：第一，助词"的/u"暗示了一个复杂结构的存在，因此它前面的第一个动词很可能包含在 sMNP 内部；第二，系动词"是/vC"比普通动词作为 sMNP 左邻接词的概率更高，并且在小范围内共现时，"是/vC"往往作为左邻接词，而普通动词常常位于复杂 MNP 内部。

再次，有限的观察窗口常常限制了模型学习到有效的词汇依赖特征，BNP 的识别与归约可以使长距离搭配关系更多地出现在有效观察窗口内，让模型学习到更多的搭配特征。

比如，动宾搭配是识别 MNP 的一个重要手段，在遭遇极其复杂 MNP 结构时，人们通常优先寻找动宾搭配约束。但是，汉语中动词和宾语中心词分布在 MNP 的左右两端，表现为"动词 + [定语 + 中心语词]"模式，其中的定语长度理论上是任意的。对于统计机器学习模型而言，观察范围受到很大的限制，因此难以训练到充分的＜

动词,搭配词>数据,但是,BNP 的识别与归约在一定程度上改变了这一状况。例10 基于例9 进行了 BNP 归约。

例9 要/vM 制定/v［相应/v 的/u 技术/n 政策/n］,/, 调整/v［食物/n 技术/n 结构/n］,/, 改善/v［食物/n 科技/n 工作/n 的/u 条件/n］,/, 推动/v［食物/n 科学/n 技术/n 的/u 发展/vN］。/。

例10 要/vM 制定/v［相应/v 的/u｛政策/n｝］,/, 调整/v［结构/n］,/, 改善/v［工作/n 的/u 条件/n］,/, 推动/v［技术/n 的/u 发展/vN］。/。

BNP 的归约使得动宾搭配<制定,政策><调整,结构><改善,条件><推动,发展>都进入了左边界后三个词观察视野,特别是<调整,结构>处于相邻位置,特征模板可以方便地予以表达。

最后,最长名词短语是一种长距离且分布不均的结构,这容易使得词位标记与特征的对应关系相对分散,BNP 的识别与归约常有利于构造词位与特征对应关系(图 5-6)。

BNP 规约前:	词类模式(a)					词类模式(b)		
	v	a	n	n*	。	v	n*	。
	O	I	I	E*	O	O	E*	O
BNP 规约后:	词类模式(a)					词类模式(b)		
	v	BNP*			。	v	BNP*	。
	O	E*			O	O	E*	O

图 5-6 BNP 归约与特征对应

假设采用 3 词位模式｛I,O,E｝,前后两个词类以及当前词类决定了当前标记。令当前位置为词类序列中 * 号标记的位置,记作 (n,0)。在 BNP 归约之前,词位 E 的原子判别特征包括｛(a,-2), (n,-1),(v,-1),(n,0),(。,1)};BNP 归约之后,词位 E 的原子判别特征仅仅包括{(v,-1),(n,0),(。,1)},显然后者在词位和特征之间存在更好的对应性。

三、识别方法的提出

典型最长名词短语是以基本名词块为槽的模板。模板归约可以简化 MNP 结构,并且在观察视野、长度均衡等多方面有利于统计机器学习模型的实施。据此,我们提出一种在基本名词块识别和归约基础上识别表层最长名词短语的方法。

考虑到结构长度在韵律和句法上可能存在的影响,比如,一些长距离依赖关系通常不能相邻出现。比如,在"持有/v [不同/a 的/u 观点/n]"中,"持有/v"和"观点/n"一般不能相邻出现。为了避免归约后带来新的结构歧义,我们区分两种不同基本名词块:单词块和多词块。只要识别出多词块,便可以区分两种不同的基本名词块类型。如果把多词块称之为基本名词短语(baseNP),基于基本名词短语归约的表层最长名词短语识别过程简单描述如下:

(1) 建立一个 baseNP 识别系统,训练 baseNP 识别模型;
(2) 识别 sMNP 训练语料中的 baseNP,将其归约为中心词;
(3) 在训练语料上训练 sMNP 识别模型,获得模型参数;
(4) 识别 sMNP 测试语料中的 baseNP,将其归约为中心词;
(5) 使用训练得到的 sMNP 模型识别测试语料中的 sMNP。

图 5-7 展示了具体的识别流程。其中,训练参数是指模板设置、扫描方向以及其他参数。需要说明的是,训练语料和测试语料都是经过特征化表示的,baseNP 和 sMNP 的训练语料可以使用相同文本或不同文本。

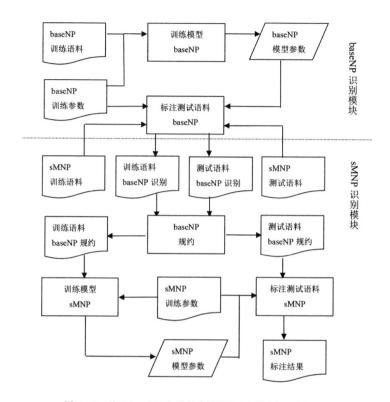

图 5-7　基于 baseNP 归约的表层最长名词短语识别流程

四、语料预处理

图 5-8 中训练语料和测试语料都是经过特征化表示的。对完整的 TCT 树库语料需要进行预处理,包括 baseNP/sMNP 语料的获取、抽样、断句和特征化表达等,具体流程如图 5-8 所示。

其中,随机抽样模块通过一个随机抽样程序对语料进行 N 次随机抽样,样本容量以段落(整句)为单位计数,本研究中 N 设置为 5,每个样本的容量设置为 2000 句。N 组样本之外的语料作为第三方语料备用。

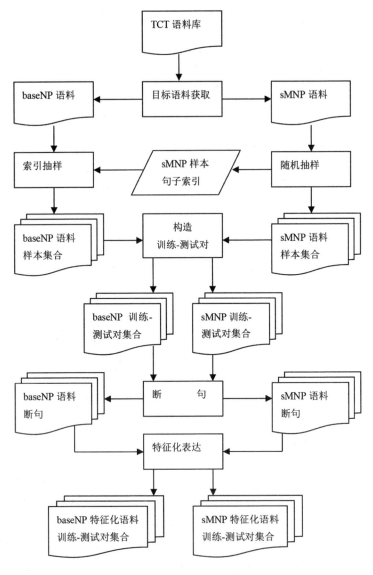

图 5-8 语料预处理

训练-测试对构造模块将样本集合中每 N-1 个样本合并为训练语料,剩余 1 个样本作为测试语料,构造 N 组训练测试语料对,以进行 N 折交叉验证。令 N=5,5 组语料的总体记作 sample5,每组训练测试对记为 sam$j$,其中,训练语料记为 train$j$,测试语料记为 test$j$,$j \in [1,5]$。第三方语料为训练语料,记作 trainr。

断句模块将语料划分为更小的块。MNP 可以跨越大多数标点符号,但也有一定规律。断句的基本规则如下:在单独的句末点号后切断;在"句末点号+右引号"后切断;双引号中的内容如果包含句末点号,在双引号后切断;逗号不切断。

五、评价方法

组块、短语识别的评价指标主要是正确率 P(Precision)、召回率 R(Recall)以及调和平均值(F-Score)。正确率和召回率其计算方法如下:

$$\text{正确率 } P = \frac{\text{正确识别的结构(边界)数}}{\text{识别的结构(边界)数}} \times 100\% \qquad \text{公式 5-13}$$

$$\text{召回率 } R = \frac{\text{正确识别的结构(边界)数}}{\text{标准语料中的结构(边界)数}} \times 100\% \qquad \text{公式 5-14}$$

一般地,正确率和召回率是相互制约的,提高正确率的结果往往导致召回率的降低,反之亦然。通常采用 P 和 R 的调和平均值 F(F-Score)作为整体评价指标。下面是 F 值的计算公式,其中 β 是 P 的加权因子(一般令 $\beta=1$,记作 $F1$-Score):

$$\text{调和平均值 } F = \frac{(\beta^2 + 1.0) \times P \times R}{(\beta^2 \times P) + R} = \frac{2 \times P \times R}{P + R} \quad (\beta=1)$$

$$\text{公式 5-15}$$

优化幅度用于评价新方法的优化效果。令方法一的识别效果表示为 E_1,方法二的识别效果为 E_2,方法二(新方法)的优化幅度 M 的计算公式如下:

$$\text{优化幅度 } M = \frac{E_2 - E_1}{1 - E_1} \qquad \text{公式 5-16}$$

其中，E 可以是正确率、召回率或者调和平均值。分母相同，方法二的识别效果越好，优化幅度越大；分子相同，方法一的识别效果越好，优化幅度越大。优化幅度指标考虑了随着方法一识别效果的提高，方法二的优化难度增加这一因素，给予了较为合理的优化幅度值。

六、基本名词短语识别

（一）基本名词短语的定义

基本名词短语(baseNP)或者名词块是最为复杂的基本块之一，其研究成果较多，识别效率较好，相关的语料也容易获得，这为基于baseNP归约的MNP识别提供了良好的条件。尽管组块的定义是个理论问题，但在语言信息处理学界，通常基于应用目的进行界定。组块识别，特别是名词块的识别有两个明显的目的。

第一，服务于句法分析，希望尽可能地消解底层句法歧义，通常包含一些功能词，如 Abney(1991b)的名词块通常起始于定冠词"the"或不定冠词"a"。

第二，面向词汇关联信息抽取，希望得到结合紧密的词汇关联对或者序列，如名词块通常不包含数量结构或者数词、指示词等。

我们所定义的 baseNP 是面向句法分析的。从定义方式上看，基本名词短语的界定通常需要结合内部结构和句法位置两方面的情况。赵军(1998)以名词短语的定语序列"区别性定语＋限定性定语＋描写性定语"为依据，认为基本名词短语对应于"限定性定语＋中心语"的最大合法序列，并将其外化为词类序列的形式：

baseNP →baseNP＋baseNP

baseNP →baseNP＋名词|名动词

baseNP →限定性定语＋baseNP

baseNP →限定性定语＋名词|名动词

限定性定语 →形容词｜区别词｜动词｜名词｜处所词｜西文字串｜(数词＋量词)

考虑到定义 baseNP 的目的是进一步识别 MNP，应用目标的特殊性对于结构界定也有特别的要求。baseNP 的定义原则确定如下：

第一,易识别。基于 baseNP 归约的 MNP 识别需要建立在 baseNP 识别基础上,这要求 baseNP 识别需要达到相当高的正确率,否则错误会蔓延到邻近 MNP 或上层 MNP 的识别。这要求 baseNP 的定义不能引入过于复杂的结构。

第二,最大程度地降低底层结构歧义。baseNP 结构长度越大,其所包容的歧义就越多,对 MNP 识别而言,底层歧义就越少,这就要求 baseNP 应该按照某种标准进行最大映射。

第三,最大程度地与简单 MNP 保持一致。由于大量 MNP 由 baseNP 直接实现,增加 baseNP 与 MNP 的重叠比例,并把它限制在简单 MNP 中,可以降低进一步识别 MNP 的歧义。

第四,长度小于等于 MNP。baseNP 可以直接实现为 MNP,或与其他成分组合成 MNP,但不能包含 MNP。该条件保证了 baseNP 准确归约为中心词时,不会造成 MNP 的损失。

据此,我们定义 baseNP 为以下四个约束条件的最大扩展:

条件 1：句法功能约束。baseNP 只能由 tp、sp、np 三种功能类型实现。

条件 2：内部结构约束。直接结构仅包括定中和联合结构两种类型,且内部不包含动词性结构和介宾结构。

条件 3：中心特征约束。baseNP 归约的一个基本要求是中心词能够代表短语的主要句法属性和语义属性。我们认为,baseNP 中心词主要承载了语义核心,因此中心词类隶属于集合

$HeadPosSet = \{n, iN, nP, nS, nO, nR, r, rN, rT, rS, s, t, vN, aN\}$。

条件 4：线性特征约束。内部不包含标点符号和连词,以及结构助词"的/u"。

在下面两个句子中,例 11 在联合结构含"的"名词短语中划分出 8 个基本名词短语,例 12 包含了 2 个基本名词短语,分别是时间短语和处所短语：

例 11 对/p 企业/n,/, 保证/v 其/rN 实现/v [生产/vN 计划/

n 任务/n]和/c[流通/vN 计划/n 任务/n]所/u 需要/v 的/u[资金/n 供给/vN];/;对/p[整个/b 经济/n],/,保证/v 实现/v[生产/vN 资料/n]和/c[消费/vN 资料/n]进行/v[计划/vN 流转/vN]所/u 必需/v 的/u[货币/n 供给/vN]。/。

例 12 [50/m 年代/n]初/f,/,[朝鲜/nS 前线/s]战斗/v 激烈/a。/。

(二) 语料的获取

根据以上定义从 TCT 树库中自动获取 baseNP 训练和测试语料,算法如下:

算法 5-1　自动抽取 baseNP 训练和测试语料

输入:TCT 树库语料

输出:标注 baseNP 的语料

- 循环获取每一个句子
  - 建立句子索引
  - 从左向右扫描索引
    - 获取句法功能和句法结构标记
    - 如果句法功能 $\notin$ {np,tp,sp},句法结构 $\notin$ {DZ,LH}
      - continue
    - 检查当前结构的右边界中心词,如果 $\notin$ HeadPosSet
      - continue
    - 如果当前结构内部存在动词性结构、介宾结构等
      - continue
    - 如果当前结构内部存在"的/u",并列结构连接符等标记
      - continue
    - 标记当前结构为 baseNP
  - 输出包含 baseNP 标记的当前句子

(三) 标记集的确定

机器学习方法把 baseNP 识别问题看作词语位置分类问题。很多 baseNP 识别系统采用经典的 BIO 标注集,其中,B 代表组块起始词,I 代表组块内部词,O 代表组块外部词。年洪东(2009)指出,大

多数汉语词拥有主词位,设置合适的标记集有利于提高识别正确率,这种思想主要考虑了当前词形对于 baseNP 识别的贡献,没有讨论词形数据稀疏问题。baseNP 识别的主要贡献仍然在词类标记,我们从结构长度的角度考虑标记集长度问题。图 5-9 考察了 baseNP 的长度分布。

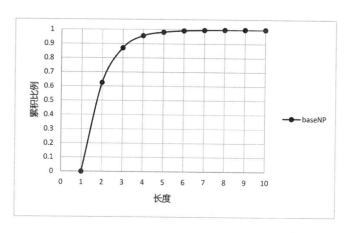

图 5-9 baseNP 长度分布图

2 词长的 baseNP 占据了 60% 以上的比例,3 词长以内的将近 90%,4 词长以内的超过了 95%。由于影响识别效果的主要因素是特征对于判断词位标记的有效性,因此标记集的选择与特征的选择是动态关系,同时也要考虑大标记集的训练数据量问题。一个先验的假设是,不同的词语位置存在不同的特征,即短语中的每一个位置对应一个标记。baseNP 平均长度为 2.58,根据这一假设,短语内部存在 3 个词位,加上 1 个短语外部标记,我们选择 4 词位的标记集。

一个固定长度的标记集也有不同的划分方式。以 4 词位的标记集为例,可以为短语的第一个词语位置、第二个词语位置、其他词语位置、外部词语位置分别设置标记 {B,F,M,O};也可以为第一个词语位置、中间词位置、中心词位置、外部词语位置分别设置标记{B,M,E,O},等等。一个好的标记集刻画词语位置(该位置上的特征)与词位之间高概率的对应关系。考虑到 baseNP 主要位于主语和宾语的位置上,左右边界具有显著特征①,有必要区分出左边界词位置和右边界词位置,在以上两个标记集中,优先选择后者。

经过反复实验,确定以{B,M,E,O}作为 baseNP 标记集,记为 bnp_set4,例 11 第一个分句标注效果如下:

对/p/O 企业/n/O,/, 保证/v/O 其/rN/O 实现/v/O 生产/vN/B 计划/n/M 任务/n/E 和/c/O 流通/vN/B 计划/n/M 任务/nE 所/u/O 需要/v/O 的/u/O 资金/n/B 供给/vN/E ;/;/O

(四) 识别特征的选取

识别特征由两个方面的因素确定:原子特征与特征模板。特征模板通过对原子特征的组合生成新的特征。原子特征一般包括词类、词形信息。

识别特征通常以邻接词或词类形式给出。我们进一步增加了两组语言学特征。

第一组是音节数目,即词语的字符数,又称为词长。单音节动词和双音节名词组合一般构成动宾结构,如"查/v 资料/n""写/v 文章/n";双音节动词和单音节名词组合一般构成偏正结构,如"增值/v 税/n""见面/v 礼/n"。

第二组是语义类别。一些词义组合模式对于辨别结构歧义具有积极作用。比如,"N1 + N2"序列存在两种划分可能:一是"N1 + N2"形成 baseNP;二是 N1、N2 分别为独立的 baseNP。词义组合模式可以帮助我们分化歧义。比如,当 N1 的语义类别为人,而 N2 语义类别为人的身体部件,或者外貌、性格等属性时,可以判断"N1 + N2"分别为独立的 baseNP。

我们采用哈尔滨工业大学信息检索研究室提供的《同义词词林扩展版》语义分类体系。该分类体系在梅加驹《同义词词林》的基础

---

① 左邻接词主要为动词、标点、介词、句首位置,右邻接词主要为标点、动词、副词、方位词等,而左边界词主要是名词、代名词、形容词等,右边界词主要是名词、名动词等。

上进行优化，以面向中文信息处理的研究和应用。它提供了五层分类标记，大类用大写英文字母表示，中类用小写英文字母表示，小类用二位十进制整数表示，第四级用大写英文字母表示，第五级用二位十进制整数表示（表5-3）。

表5-3 《同义词词林扩展版》的语义编码体系

编码位	1	2	3	4	5	6	7	8
符号举例	F	c	0	4	A	0	9	=|♯|@
符号性质	大类	中类	小类		词群		原子词群	
级别	第一级	第二级	第三级		第四级		第五级	

第8位有三种符号，每个原子词群标注一种符号。其中，"="表示相等、同义关系，"♯"表示不等、同类关系，原子词群中的词语属于相关词语；"@"表示自我封闭、独立，原子词群中既没有同义词，也没有相关词。具体实例如下（图5-10）：

```
Fc04A33@   静观
Fc04A34@   总览
Fc04A35 =  一窥全豹  一斑窥豹  以小见大
Fc04A36 =  看起来  看上去
Fc04A37 ♯  看不到  看得见  看热闹
Fc04A38 ♯  依稀可见  清晰可见
Fc05A01 =  听  收听  听取  听听
Fc05A02 =  倾听  聆听  聆取  聆  洗耳恭听  静听  谛听
```

图5-10 《同义词词林扩展版》内容示例

我们选择《同义词词林扩展版》的第三层代码进行标注。未登录词增设单独的代码UK，多义词的语义消歧工作基于高频的单义词义类进行消歧，方法如下：首先，为语料中的单义词标注义类；其次，计算TCT语料库中单义词的义类出现频次；再次，对于语料中的多义词，选择出现频次最高的义类作为该词的义类[①]。

---

① 参见第二节中"表层最长名词短语识别"部分算法5-2。

根据训练语料格式,上文获取的 baseNP 语料转化为如下的特征表达形式(表 5-4):

表 5-4 baseNP 训练语料格式

词语	词类	词长	义类	标记
这	rN	1	Ed61	B
段	qN	1	Di09	M
故事	n	2	Dk10	E
如	v	1	Je12	O
飘出	v	2	UK	O
我	rN	1	Aa02	B
记忆	n	2	Gb07	E
的	u	1	Ed01	O
一	m	1	Dn04	B
点	qN	1	Dd05	M
星火	n	2	Bg03	E

其中,前 4 列(COL)是识别 baseNP 的原子特征,最后 1 列是词位标记。在此基础上,定义特征模板可以扩展得到特征字符串。经过反复调试,我们所定义的 baseNP 特征模板包括当前词前后 3 个词范围内的词形、词类、语义类别及其组合,具体特征模板参见附录 4,以下称之为 template_baseNP。

(五) 基本名词短语识别实验

年洪东(2009)研究表明,在多特征多标记集下,CRF 模型在 baseNP 的识别效果上优于 SVM 模型。据此,我们选择使用 CRF 模型来识别 baseNP。baseNP 训练语料可以与 sMNP 的训练语料是同一组语料,或者不是同一组。由于我们定义的 baseNP 在语料中的数目小于 sMNP,并且 baseNP 语料易于获得[①],在具体的实践中,

---

[①] 一方面,baseNP 作为一种重要的组块,研究较多,语料资源丰富;另一方面,baseNP 识别正确率高,数量相对少,内部结构简单,建设 baseNP 语料的工作量要大大小于建设 sMNP 语料的工作量。

可以采用大规模 baseNP 语料作为 baseNP 模块的训练语料。然而,为了全面评估识别方法的有效性,我们同时采纳两种实验方案。

实验一采用标注了 baseNP 信息的 sMNP 同组训练语料作为训练语料。在语料 sample5 上进行 5 折交叉验证,每组训练规模为 8000 个句子,测试规模为 2000 个句子,结果如表 5-5 所示:

表 5-5　baseNP 识别实验结果

Sam	ST_std	LB_prc	LB_rec	LB_F1	RB_prc	RB_rec	RB_F1	ST_prc	ST_rec	ST_F1
1	3789	92.43	95.09	93.74	93.25	95.94	94.58	89.92	92.50	91.19
2	3801	93.52	94.98	94.24	94.35	95.82	95.08	91.48	92.90	92.18
3	3778	93.12	94.89	94.00	94.31	96.11	95.20	91.27	93.01	92.13
4	3772	93.39	95.10	94.23	93.67	95.39	94.52	91.04	92.71	91.87
5	3887	93.17	94.83	93.99	93.91	95.58	94.73	90.42	92.02	91.22
ave	-	93.13	94.98	94.04	93.90	95.76	94.82	90.83	92.63	91.72

其中,Sam 表示样本,ST 表示结构,RB 表示右边界,LB 表示左边界,std 表示标准语料,prc 表示正确率,rec 表示召回率,F1 表示调和平均值,ave 表示均值。

实验二采用大规模的第三方语料,即 TCT 中除实验一中采用的 5 组语料之外的所有语料作为训练语料,训练规模为 34605 个句子,并对 5 组测试语料进行测试,实验结果如下(表 5-6):

表 5-6　baseNP 识别实验结果(第三方训练语料)

Sam	LB_prc	LB_rec	LB_F1	RB_prc	RB_rec	RB_F1	ST_prc	ST_rec	ST_F1
1	93.76	95.91	94.82	94.35	96.52	95.42	91.54	93.64	92.58
2	94.53	95.55	95.04	95.11	96.13	95.62	92.53	93.53	93.03
3	93.62	95.18	94.40	94.85	96.43	95.63	91.77	93.30	92.53
4	94.77	95.65	95.21	95.27	96.16	95.71	92.91	93.77	93.34
5	94.37	95.68	95.02	94.67	95.99	95.32	91.68	92.95	92.31
ave	94.21	95.60	94.90	94.85	96.24	95.54	92.09	93.44	92.76

实验取得了 92% 左右的调和平均值,随着语料规模的扩大,实验二的识别效果提高了约 1%。

七、表层最长名词短语识别

(一) 标记集的确定

代翠等(2008)采用 BIO 标记集识别最长名词短语,王月颖(2007)采用了{F,I,E,O,S}[①] 5 词位标记集,并且通过实验证明了 5 词位标记集在识别效果上优于{0,1}标记集。由于句法级最长名词短语相互嵌套,在复杂 sMNP 中,词语位置与词位的对应性假设很容易被否定。我们参考 sMNP 长度统计的结果,并通过实验的方法进一步确定标记集。多词结构的 sMNP 平均长度为 4.78,按照对应性假设,多词结构可以选择 5 个词位,加上单词结构和外部词,7 个词位的容量可以作为参考。选择容量范围从 3 到 7 的标记集进行 sMNP 识别实验(图 5-11),具体标记集如下(表 5-7):

表 5-7 sMNP 识别实验标记集

标记集索引	标记集容量	标记集
mnp_set3	3	BIO
mnp_set4	4	BIOS
mnp_set5	5	BMEOS
mnp_set6	6	BFMEOS
mnp_set7	7	BFGMEOS

其中,B 表示短语中第一个词位置,O 表示短语以外的位置,S 表示单词结构的短语,F 表示短语中第二个词的位置,G 表示短语第三个词的位置,E 表示短语中最后一个词的位置,I 和 M 表示短语中的其他位置。

实验基于 CRF 模型,以样本 sam1 为测试对象,分为非归约识别实验和基于 baseNP 归约的识别实验。baseNP 识别采用 bnp_set4,5 折交叉验证方式。

[①] 实际与{B,M,E,O,S}相同。

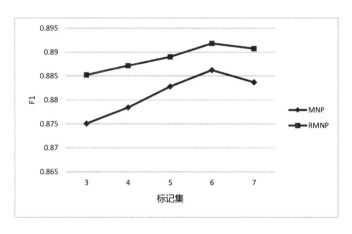

图 5-11 sMNP 标记集选择实验

MNP 和 RMNP 分别表示非归约和归约的识别方法。在非归约实验中,sam1 在 6 词位标记集(mnp_set6)上取得了最好的效果,在 7 词位的标记集(mnp_set7)上实验效果有所下降。在归约实验中,尽管归约的 sMNP 长度大大降低,但 6 词位标记集(mnp_set6)仍然取得了最好的实验效果。

基于不同规模语料、不同样本(TCT 树库抽样)的实验也表明,7 词位标记集在非归约实验和归约实验中效果均不够稳定,特别是在归约实验中更甚一些,而 6 词位标记集的实验效果更为稳定和高效。因此,我们采用 mnp_set6 作为实验标记集。

SVM 的标记集选择与 CRF 有所不同,经过反复实验,在五组标记集中选择 BIO 标记集作为实验标记集。

(二) 识别特征的选取

基本的原子特征仍然选择词类、词形信息。词语的音节数和词义类别对于判定 sMNP 的句法关系也有一定的作用。

音节数目通过构造音节模式特征促进 sMNP 的识别。首先,大部分 sMNP 由 baseNP 直接实现,baseNP 适用的音节模式特征对于 sMNP 一定程度上也适用。其次,复杂 MNP 结构本身也存在一定的音节模式特征,比如"单音节动词+单音节名词+双音节名词"常构成名词短语。

语义类别通过构造语义搭配特征促进 sMNP 的识别。sMNP 识别的一个难点是长距离依赖,baseNP 归约可使得更多的词汇搭配特征进入模型的观察视野。词汇搭配是稀疏的,但搭配的一个重要特征是在语义上可以聚集成类,比如,"吃/v 苹果/n""吃/v 橘子/v""吃/v 香蕉/n"可以归纳为词汇语义搭配"吃/v 水果/sem",从而有利于化解数据稀疏问题。仍然采用《同义词词林扩展版》的三级义类代码,其中义类获取包括多义词的语义消歧算法如下:

算法 5-2 词语义类获取

输入:《同义词词林扩展版》,TCT 树库语料

输出:三级义类标注词典

- 读取《同义词词林扩展版》,构造义类词表 CLTable
- 定义<词语,义类>结构数组 wsArray
- 循环从 CLTable 中获取一个记录
  - 解析记录中的词语 w 和三级义类 s
  - 构造一个<w, s>词条,放入 wsArray
- 定义<词语,义类,频次>哈希表 wsDic
- 循环读取 TCT 树库语料中的词语 $word$
  - 如果在 wsArray 中找到 $word$ 唯一的语义类记录 sem
    - 构造<$word, sem, 1$>词条,插入 wsDic
  - 否则,如果存在 n 个记录($n>1$)
    - 构造<$word$, EPYT, 0>搭配词条,插入 wsDic
- 定义<义类,频次>哈希表 senseDic
- 循环处理 wsDic 中的每一个词条
  - 构造<义类,频次>词条,插入 senseDic
- 循环处理 wsDic 中的每一个词条<w, s, f>
  - 如果词语 w 的义类 s == EPYT
    - 定义最高频语义类 SC_m,频次 $SC\_freq = 0$
    - 获取 w 所有语义类 SC
    - 循环处理每一个语义类 SC_i

- 如果在 senseDic 中找到<SC_i，f_i>词条，且 $f_i \geqslant SC\_freq$
    - ◆ $SC\_freq = f_i$，$SC_m = SC_i$
- $s = SC_m$
- 输出三级义类标注词典 wsDic

经过反复调试，CRF 的特征模板包括当前词前后 3 个词范围内的词形、词类、语义类别及其组合，非归约模板为 template_sMNP，归约模板为 template_reduce_sMNP①，其中涉及 baseNP 归约特征。SVM 的特征设置为 F：-3..3:0..1 T：-3..-1，包括当前词前后 3 个词范围内的词形、词类以及 3 阶历史标记。

（三）基本名词短语归约

按照生成语法的观点，名词短语存在语义核心和句法核心，baseNP 定义在中心约束，即语义核心的基础上。汉语名词短语（ONP）是一种左扩展式的短语，语义核心（短语中心词）均位于短语右部。据此，在识别 baseNP 的基础上，我们将其归约为语义核心，重新构造 sMNP 短语。图 5-12 描述了 baseNP 归约的过程，划线部分表示 baseNP，斜体字表示 sMNP 构造：

归约前： <u>这/rN 段/qN 故事/n</u> 如/v 飘出/v <u>我/rN 记忆/n</u> 的/u <u>一/m 点/qN 星火</u>

归约后： *故事/n 如/v 飘出/v 记忆/n 的/u 星火/n*

图 5-12 baseNP 归约示意图

baseNP 归约产生了两种新的语言学特征：

一种是语义核心特征。取值为 Head 或者 No，表示当前词是 baseNP 语义核心或者不是 baseNP 语义核心。

一种是指称性特征。归约为中心词会使得 baseNP 丢失一些句

---

① 参见附录 4。

法特征,特别是起始位置表示有定的指称性成分。这些起始特征[①]对于 MNP 具有良好的预测作用,以词类的二元形式表达,比如"rN qN""rN n",非指称性特征取值为 noSyn。

根据训练语料格式,baseNP 归约后语料作如下转换(图 5-13):

归约前					归约后					
词语	词类	词长	义类	标记	词语	词类	中心特征	baseNP长度	起始特征	词长	义类	标记
这	rN	1	Ed61	B								
段	qN	1	Di09	F								
故事	n	2	Dk10	E	故事	n	Head	3	rN/qN	2	Dk10	S
如	v	1	Je12	O	如	v	No	0	noSyn	1	Je12	O
飘出	v	2	UK	O	飘出	v	No	0	noSyn	2	UK	B
我	rN	1	Aa02	B								
记忆	n	2	Gb07	F	记忆	n	Head	2	rN/n	2	Gb07	F
的	u	1	Ed01	M	的	u			noSyn	1	Ed01	M
一	m	1	Dn04	M								
点	qN	1	Dd05	M								
星火	n	2	Bg03	E	星火	n	Head	3	m/qN	2	Bg03	E

图 5-13 sMNP 训练语料格式

baseNP 长度并不作为特征使用,而是评测时作为语料还原的依据。

(四) 最长名词短语识别实验

sMNP 识别实验分为六组:第一组实验观察 CRF 和 SVM 对 sMNP 的识别效果,选择识别模型;第二组观察归约对于识别效果的影响;第三组观察归约对于多词 sMNP 识别效果的影响;第四组观察归约对于简单 sMNP 和复杂 sMNP 识别效果的影响;第五组观察所选取语言学特征对于识别的作用;第六组观察 baseNP 实验设置对于识别 sMNP 的影响。

需要说明的是,基于 baseNP 归约的 sMNP 识别实验评测建立在语料恢复的基础上。通过同一组语料的 baseNP 识别版本和归约

---

① 参见第四章第三节的"内部成分分布"部分。

后的 sMNP 识别版本,我们将该语料恢复为附着 sMNP 识别信息的完整状态。语料恢复过程示意如下(图 5-14),划线部分表示 sMNP,斜体字表示 baseNP 构造:

恢复前:　　　　　*故事*/n 如/v 飘出/v *记忆*/n 的/u *星火*/n

恢复后:　　　这/rN 段/qN *故事*/n 如/v 飘出/v 我/rN *记忆*/n 的/u 一/m 点/qN *星火*

图 5-14　语料恢复示意图

实验一:模型选择实验

采用 sample5 语料,5 折交叉验证方式,不选用 baseNP 归约特征。

表 5-8 中,CRF 选择 6 词位标记集、所有特征项目、3 元窗口特征;SVM 选择 3 词位标记集、词类和词形特征、3 元窗口特征、3 元历史特征以及 pairwise 组合分类器方式。

表 5-8　sMNP 模型选择实验

项目	结构数	SVM_正向扫描			SVM_逆向扫描			CRF		
Sam	ST_std	ST_prc	ST_rec	ST_F1	ST_prc	ST_rec	ST_F1	ST_prc	ST_rec	ST_F1
1	8268	85.35	86.88	86.11	87.79	87.88	87.83	88.55	88.69	88.62
2	8238	84.57	85.97	85.26	86.87	87.07	86.97	87.56	87.91	87.73
3	7970	85.64	87.16	86.39	87.23	87.93	87.58	88.32	89.39	88.85
4	8099	84.92	86.05	85.48	87.15	86.76	86.96	88.16	88.27	88.22
5	8103	85.32	86.73	86.02	87.33	87.87	87.60	88.00	88.99	88.49
ave	—	85.16	86.56	85.85	87.27	87.50	87.39	88.12	88.65	88.38

CRF 模型和 SVM 标注器均取得了较好的效果。汉语名词短语是一种左扩展的结构,并且一些复杂结构标记,如"的"也位于名词短语的偏右部[①],这些特征有利于确定最长名词短语的右部边界。基

---

① 修饰语长度一般大于中心语,而"的"一般位于划分定语和中心语的位置。

于 SVM 的标注器作为一种确定性模型,将序列标注看作一串分类问题,为每一个位置选择最优标注结果,在确定右部标记的前提下,利用历史标记特征,指导左部词语的分类,因此,SVM 标注器的左向扫描策略比右向扫描策略有较大提高。这一点上,我们的实验数据验证了鉴萍等(2009)的结论。

但是,CRF 在全局范围内赋予特征权重,使得 CRF 具有较好的特征融合能力,能够有效地利用外部特征。因此,词语长度、语义类等特征的加入使得整体识别效果略有改善,而 SVM 标注器并没有观察到这一点。

对于 MNP 识别问题,CRF 模型还能有效地利用多分类标记,在设置合理的情况下,其识别性能随着分类标记的增多而改善(图 5 - 15),但在我们设置的标记集范围内,太多的分类标记反而会导致 SVM 标注器识别性能的下降。

从训练时间看,鉴萍等(2009)报道了 SVM 在利用高阶历史特征时,实验时间较为稳定。但是,相比 CRF,SVM 在处理大规模语料时仍然需要太多的训练时间(年洪东,2009)。

考虑到以上因素,我们选择 CRF 模型进行归约实验。

实验二:归约效果实验

表 5 - 9 中,选择 6 词位标记集、sample5 语料、5 折交叉验证方式,选用 baseNP 归约特征,baseNP 识别实验基于 bnp_set4。

表 5 - 9 sMNP 归约效果实验

Sam	ST_std	LB_prc	LB_rec	LB_F1	RB_prc	RB_rec	RB_F1	ST_prc	ST_rec	ST_F1
1	8268	93.66	94.20	93.93	95.55	96.09	95.82	88.93	89.44	89.18
2	8238	93.33	93.47	93.40	95.03	95.17	95.10	88.16	88.30	88.23
3	7970	93.65	94.69	94.17	95.50	96.56	96.03	88.98	89.97	89.48
4	8099	93.70	93.89	93.80	95.85	96.04	95.94	88.93	89.11	89.02
5	8103	93.28	94.15	93.71	95.13	96.03	95.58	88.41	89.25	88.83
ave	—	93.52	94.08	93.80	95.41	95.98	95.69	88.68	89.21	88.95

相对实验一,实验二在每一个样本上都有所提高。总体上看,baseNP 归约方法使得 sMNP 识别的调和平均值提高了 0.6% 左右。

实验三：多词结构评测

baseNP 归约的一个主要作用是拓展模型的观察视野,使模型能够看到更多的有用特征,理论上主要有利于长距离 sMNP 的识别。在实验一和实验二的基础上,进一步对多词 sMNP 进行评测。表 5-10 中,ST_M 表示结构识别效果的优化幅度。

表 5-10 sMNP 多词评测

项目	结构数	非归约			归约		
Sam	ST_std	ST_prc	ST_rec	ST_F1	ST_prc	ST_rec	ST_F1
1	4762	83.63	84.33	83.98	84.60	85.70	85.15
2	4738	82.36	83.54	82.94	83.55	84.07	83.81
3	4592	83.61	85.24	84.42	84.94	85.87	85.40
4	4801	83.57	83.92	83.75	85.16	84.96	85.06
5	4795	83.81	84.44	84.13	84.70	84.84	84.77
ave	-	83.40	84.29	83.84	84.59	85.09	84.84
ST_M	-	-	-	-	7.17	5.09	6.19

比较实验二和实验三,多词 sMNP 识别取得了更好的效果。总体上看,baseNP 归约方法使得多词 sMNP 识别的调和平均值提高了 1%,优化幅度达到 6%。

随着 sMNP 长度的增加,归约方法相比非规约方法能够取得更好的效果,按照周强等(2000)的分类,归约方法使得长度$\geq$5 的复杂最长名词短语的调和平均值提高了 1.4%。

实验四：最长名词短语分类评测

以结构复杂性为标准,分别评价简单最长名词短语和复杂最长名词短语。

SubTest1:评价简单最长名词短语的识别效果(表 5-11),以不含 De 的最长名词短语近似简单最长名词短语[①]。

---

① 当动词标注为名动词时,不作为复杂最长名词短语的构造因素,仍然看作简单最长名词短语。

表 5-11 简单 sMNP 评测

项目	结构数	简单 sMNP_非归约			简单 sMNP_归约		
Sam	ST_std	ST_prc	ST_rec	ST_F1	ST_prc	ST_rec	ST_F1
1	5786	91.73	91.48	91.61	91.80	92.31	92.05
2	5833	91.06	91.00	91.03	91.52	91.17	91.34
3	5733	91.23	92.19	91.71	91.79	92.59	92.18
4	5673	91.28	91.15	91.22	91.68	91.87	91.78
5	5628	91.36	92.20	91.78	91.59	92.50	92.04
ave	-	91.33	91.60	91.47	91.67	92.09	91.88

SubTest2：以含 De 最长名词短语作为代表，评测复杂最长名词短语的识别效果（表 5-12）。

表 5-12 复杂 sMNP 评测

项目	结构数	复杂 sMNP_非归约			复杂 sMNP_归约		
Sam	ST_std	ST_prc	ST_rec	ST_F1	ST_prc	ST_rec	ST_F1
1	2482	81.24	82.19	81.71	82.23	82.76	82.49
2	2405	79.20	80.42	79.80	80.16	81.33	80.74
3	2237	80.91	82.21	81.55	81.85	83.28	82.56
4	2426	80.93	81.53	81.23	82.51	82.65	82.58
5	2475	80.43	81.70	81.06	81.17	81.86	81.51
ave	-	80.54	81.61	81.07	81.58	82.37	81.98

归约方法对简单最长名词短语和复杂最长名词短语都有效。但是，两者识别效果仍然有比较大的差距，约相差 10% 左右，说明结构的复杂性对于 MNP 识别影响很大。

实验五：特征分析实验

观察各种特征对于 MNP 识别的贡献。基于 sample5 语料，标记集测试仅采用词和词类特征；对语言特征测试，test1 每次仅采纳当前特征，test2 每次递加一个特征。由表 5-13 可见，词长（len）、义类（sem）、语义核心（head）等特征均有助于识别，起始特征（syn）特别是与其他特征联合使用时也有一定贡献。

表 5-13 特征分析实验(F1-val)

test	标记集测试		语言特征测试			
	mnp_set3 bnp_set3	mnp_set6 bnp_set4	mnp_set6 & bnp_set4 + len	+ sem	+ head	+ syn
1	88.44	88.63	88.73	88.76	88.73	88.65
2	88.44	88.63	88.73	88.80	88.88	88.95

实验六：baseNP 设置实验

选择 6 词位标记集、sample5 语料、5 折交叉验证方式，选用 baseNP 归约特征。按照 baseNP 实验设置的不同分为两组子实验。

SubTest 1：baseNP 实验采用 sample5 语料、5 折交叉验证方式，以及与 sMNP 相同或相对应的标记集，其对应关系如表 5-14 所示。

表 5-14 baseNP 与 sMNP 标记集对应关系

对应序号	sMNP 序号	sMNP 标记集	baseNP 序号	baseNP 标记集
3	mnp_set3	BIO	bnp_set3	BIO
4	mnp_set4	BIOS	bnp_set3	BIO
5	mnp_set5	BMEOS	bnp_set4	BMEO
6	mnp_set6	BFMEOS	bnp_set5	BFMEO

使用对应的标记集识别 baseNP 和 sMNP，实验结果如图 5-15 所示。

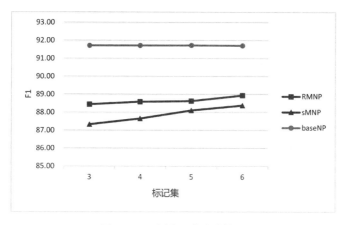

图 5-15 对应标记集实验结果

baseNP 识别效果较为平稳。在相同或者相对应的标记集下,归约方法也取得了较为稳定的提高,可以推断,这种提高来源于 baseNP 归约后长度的变化,而不仅仅是 baseNP 独立标记集而带来的底层 baseNP 识别效果的提升。

SubTest2:baseNP 识别采用 bnp_set4 标记集,训练语料采用第三方语料 trainr,测试语料采用 sample5 语料(表 5-15)。

表 5-15　sMNP 识别实验结果(第三方 baseNP 语料)

项目	sMNP 归约			sMNP 归约多词		
Sam	ST_prc	ST_rec	ST_F1	ST_prc	ST_rec	ST_F1
1	89.40	89.68	89.54	84.85	85.76	85.31
2	88.34	88.49	88.42	83.63	84.11	83.87
3	89.33	89.92	89.63	85.00	86.04	85.52
4	89.16	89.47	89.31	85.39	85.48	85.44
5	88.76	89.60	89.18	85.11	85.32	85.21
ave	89.00	89.43	89.22	84.80	85.34	85.07

当 baseNP 采用大规模第三方训练语料,效果提升 1% 左右时[①],sMNP 整体识别效果(与实验二比较)和多词结构识别效果(与实验三比较)均有进一步提高,调和平均值约提高 0.25% 左右。这表明 baseNP 识别效果的提升对 sMNP 有积极影响,通过提高 baseNP 识别效果,有望进一步提高 sMNP 识别效果。

(五) 与前人研究的比较

识别实验受到语料的词类标记体系、结构复杂程度、MNP 定义、长度分布、训练代价、训练测试比等多种因素的影响。其中,长度分布被证实是敏感度较高的因素。因此分类观察不同长度的 MNP 识别效果,有助于更客观地观察实验数据(表 5-16)。

[①] 数据参见第二节中"基本名词短语识别"部分。

表 5－16　与其他系统的实验数据比较

	Method	Len<5	prc	rec	F1	Len≥5	prc	rec	F1	senLen
周强(2000)	边界分布概率+组合规则	83.44	87.9	86.3	87.1	16.56	70.8	61.7	65.9	11.56
冯冲(2006)	CRF	-	-	-	-		75.4	70.6	72.9	>14
代翠(2008)	CRF	73.02	92.5	91.8	92.2	26.98	70.1	71.6	70.9	14
	CRF+调整规则		94.8	94.0	94.4		77.9	79.9	78.9	
Our work	CRF	61.62	87.82	89.14	88.47	38.38	76.22	76.50	76.36	23.98
	CRF+归约		88.38	90.01	89.19		78.29	77.18	77.73	

从 MNP 长度分布比例、平均句长（senLen）看，我们的实验语料在长度分布、结构复杂程度上高于其他研究。周强等（2000）采用的 MNP 定义（名词性短语）和词类体系与本研究相近，代翠等（2008）定义相对简化，主要识别名词短语，不包括"的"字结构等名词性短语，主谓谓语句的大主语和小主语也常被合并为一个 MNP。

冯冲等（2006）、代翠等（2008）采用 CRF 在哈工大树库上识别 MNP。前者从训练语料中抽样进行测试，方法与其他研究不同。相比代翠等（2008）的统计模块，我们在 Len<5 组识别效果相对低，而在 Len≥5 组相对高，原因可能是 MNP 长度分布（语料）不同以及识别标记集的优化；在 sample5 测试集上模拟该文分类制定规则（原文未给出所有规则），交叉验证时未能稳定地和大幅度地提高识别效果。

Bai et al.（2006）和鉴萍等（2009）利用 SVM 基于宾州中文树库识别 MNP，未报告不同长度范围的识别效果。后者提出双向标注融合的方法，并在相同标记集下比较了 CRF 和 SVM 模型，认为确定性模型（SVMs）能较好地利用长距离依存特征，更适合 MNP 识别。我们进行非归约实验时比较了两个模型的表现，发现 CRFs 能更有效地利用多位置分类标记,一定范围内,其识别性能随着标记的增多而改善;同样基于表 5-14 所示标记集,采用 3 元历史特征,SVM 标注器在 mnp_set3 上取得了最优性能:87.27%的正确率和 87.50%的召回率,太多的分类标记反而造成识别性能下降。

(六) 实验结果分析

归约方法一定程度上改善了 sMNP,特别是多词结构的识别效果。实验中的错误主要表现在以下四个方面:

第一,动词介词内含造成的误识。情形一较常见,表现为单个 sMNP 识别为多个 MNP,常常识别出内层最长名词短语。例如,"摆脱/v 了/u [殖民主义/n 枷锁/n] 而/c 赢得/v [独立/a 的/v 一些/m 发展中国家/n]"应是一个表层最长名词短语。

情形二较少见,表现为多个 sMNP 识别为一个 MNP。例 13 中,"以/P"和"积累/v"之后应该分别有一个表层最长名词短语,等等。

例 13　[布哈林/nP] 批评/v 了/u [普列奥布拉任斯基/nP 的/u 观点/n],/, 反对/v 以/p [剥夺/v 农民/n 的/u 办法/n 积累/v 社会主义/n 工业化/n 的/u 资金/n],/, 并且/c 提出/v [通过/p 计划/n 实现/v 国民/n 经济/n 各/rB 部门/n 、/、特别是/d 工业/n 和/c 农业/n 之间/f 的/u 平衡/a 发展/vN]。/。

第二,左边界处连续的动词介词边界造成的误识。例如,"要/vM 在/p 继续/v 巩固/v [已/d 有/v 的/u 友好/a 关系/n 的/u 同时/t]"左边界处有多个动词及介词。

第三,名词边界歧义造成的误识。包括:大主语小主语识别为一个 sMNP,例如,"[青年人/n 思路/n] 活跃/v";直接宾语和间接宾语识别为一个 sMNP,例如,"交给/vSB [我/rN 一/m 份/qN 材料/n]";动宾结构直接作定语,宾语与名词短语中心语识别为一个 sMNP,例如,"读/v [书/n 姑娘]",等等。

第四,典型歧义结构造成的误识。"v np De np"结构难以判断动词是否位于 MNP 内部,如"没有/v 开辟/v [第二/m 职业/n 的/u

魄力/n]"。

实验结果同时表明,归约方法和非归约方法具有互补性。归约方法的优点是扩展了模型的观察视野,并且"无意间"去除了一些冗余特征,比如在最长名词短语"解决/v 此/rN 问题/n 的/u 关键/n"中,当"rN n"归约为"n"后,具有强预测能力的指称性特征被削弱[①],增加了正确识别 MNP 的可能性。

归约方法也有不足之处,主要表现为两种级联错误。

首先,基本名词短语归约也带来了少量的特征损失,使得在一些细致的边界特征难以表现。例如,在"v dD a"模式中,"v"之后很可能出现左边界,当出现"v [dD a n De n]"序列,"dD a n"被归约为基本名词短语后,却形成了典型的歧义结构"v n De n"。但这也表明,基于归约的方法在特征选择上还有进一步优化的空间。

其次,基本名词短语识别错误也带来了一些影响。例如,在双宾结构"给/vSB [您/rN 一/m 样/qN 东西/n]"中,"您/rN 一/m 样/qN 东西/n"被错误地识别为基本名词短语,进而造成了 sMNP 识别错误。

第三节　基于分类器集成的识别

一、分类器集成

分类器集成的基本思想是所有的模型在某些方面都有所偏置,而通过多个不同模型的平均,可以有效地降低偏置风险。分类器集成可以分为单分类器集成和多分类器集成。单分类器集成基于同一种分类器,使用不同的参数、特征、语料等,构造不同的基本分类器,

---

① "rN n"并没有消失,被放置于指称性特征中。但是,特征总体中增加了"v n"等特征,使得判别"v"后出现左边界的可能性降低。

并整合为一个目标分类器。多分类器集成基于不同的分类器,同时也可以使用不同的参数、特征、语料等,构造不同的基本分类器,整合为一个目标分类器。分类器集成有多种方法,比如基于概率分布的方法、基于投票的方法、基于性能的方法等。这里介绍最大投票法和概率加权法。

最大投票法是多个基本分类器都进行分类预测,然后根据分类结果按照少数服从多数的原则进行投票表决。短语识别实际上是将词语 w 分类为对应的词位 $C_i, C_i \in C, i \in [1, n]$,设存在 k 个基本分类器,词语 w 的词位 c 由 k 个基本分类器的分类结果投票表决:

$$c = \arg\max_{C_i} \sum_{j=1}^{k} \Delta_{ij} \qquad 公式5-17$$

其中,Δ_{ij} 是一个二值函数,当基本分类器 f_j 将词语 w 分类为 C_i 时,$\Delta_{ij} = 1$,否则,值为 $\Delta_{ij} = 0$。

概率加权法是一种基于性能的集成方法,它不仅考虑了基本分类器的类别输出概率 $P(C_i | f_j)$,还考虑了每个基本分类器的性能权重 $P(f_j)$。词语 w 的词位 c 可计算为:

$$c = \arg\max_{C_i} \sum_{j=1}^{k} P(C_i | f_j) P(f_j) \qquad 公式5-18$$

直观地看,输出级分类器集成大都基于基本分类器输出的分类数据、基本分类器的评价,如分类器性能 $P(f_j)$,多基于经验或采用数学的手段获得。这样做的好处是具有很好的普适性,且不需要更多的资源参与。

但是,系统复杂性也因此大大提高,变得更加难以解释;分类对象的特点也很难得到充分的考虑。集成系统作出一个分类判断,并不一定以对象本身的运作规律作为依据,我们难以知道,数学上的分类判断与识别对象本身的特点存在哪些必然的联系。特别是当大部分或全部基本分类器都作出了错误的分类时,没有机制能够提醒目标分类器,基本分类器作出了错误的选择。

二、基于语言知识评价的集成系统

由于 MNP 是一种复杂结构类型,涉及诸多歧义结构问题。我们的想法是针对分类器容易出错的具体类型,特别是一些典型的歧义结构,利用更多的语言资源进行评价,从而得到一个基于语言知识评价的集成系统(图 5-16)。

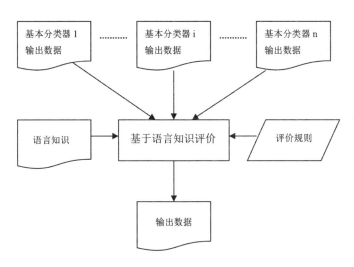

图 5-16 基于语言知识评价的系统集成

尽管该方法仍然存在不确定性,很多情况下,仍然需要在各个基本分类器的分类结果之间作出选择,但是,这种不确定性已经大大降低,我们有更确切的语言学证据说明,某些分类可能存在错误,应该如何进行选择,并且,在大多数或者全部基本分类器都发生错误的情况下,基于一定的规则,针对基本分类器的共同错误类型进行评价,仍然有可能取得正确的分类结果序列。

基于语言知识评价的集成方法,把研究者的精力集中到语言知识的获取和评价规则的设计上,可以有针对性地解决疑难问题,系统集成也具备了更好的可解释性;当然,语言知识和评价规则的分辨能力及覆盖实例数量直接影响系统的性能,从这一点上说,该方法与基于分类数据的评价方法各有好处。

具体来说,我们需要重点解决三个方面的问题:一是如何获取语言知识,二是如何设计评价规则,三是如何基于语言知识进行评价。

三、搭配知识获取

在统计机器学习模型中,词类信息在识别 MNP 过程中占据很大的比重,仅仅依赖词类信息也能取得较好的效果。从语言学的角度说,最长名词短语不仅仅由词类和句法范畴组合而成,各种词语搭配信息在其构造过程中也发挥了重要的作用。但是,由于词形数据稀疏的原因,这些搭配信息在统计机器学习模型中难以得到充分的利用。我们希望借助于第三方的资源,在分类器集成的过程中发挥搭配信息的作用。

(一) 搭配类型

在语言学视角下,我们将搭配分为组块意义上的搭配和句法意义上的搭配。组块意义上的搭配是存储在长时记忆中的搭配形式,搭配词之间联系紧密,在句子中可以实现为句法意义上的搭配。句法意义上的搭配是句子中满足一定句法关系的词语组合,可以由组块意义上的搭配实现,也可以是宽松组合。根据组块理论,组块意义上的搭配是由句法意义上的搭配组块化的结果,是一种反复呈现的句法搭配模式。

这里所说的搭配是组块意义上的搭配,主要指语言学意义上的词汇关系。针对 MNP 识别问题,我们主要选取了五种搭配类型作为 MNP 识别的消歧资源。

1. 动宾搭配

大多数最长名词短语具有语义中心,以名词为主,并且很大比例的最长名词短语位于动词宾语的位置上。动宾搭配描述了动词与宾语中心词的约束关系(表 5-17)。如"妥善/aD 处理/v [人民/n 内部/f 矛盾/n]"。

表 5-17　动宾搭配示例

项目		互信息	项目		互信息
动词	名词		动词	名词	
跷	二郎腿	19.90841	稳住	阵脚	18.01161
陶冶	情操	18.68824	拨动	心弦	17.82398
切中	要害	18.49944	一语道破	天机	17.82037
泛起	涟漪	18.11255	走漏	风声	17.78898
修成	正果	18.07191	触犯	刑律	17.46134

2. 介宾搭配

介词与名词具有较强的搭配能力,但更倾向于句法关系。我们所采纳的介宾搭配资源是指相互联系较为紧密的搭配实例,描述了介词与宾语中心的约束关系(表5-18)。如"通过/p[各/rB 种/qN 渠道/n]"。

表 5-18　介宾搭配示例

项目		互信息	项目		互信息
介词	名词		介词	名词	
凭	本事	10.50395	朝着	方向	8.853927
按	常理	10.39285	依照	程序	8.328159
按	次序	9.459962	依照	规定	8.206924
按	顺序	9.028983	作为	切入点	7.766508
按照	惯例	9.014988	通过	途径	7.747807

3. 介词框架

本体语言学明确定义的框式介词(刘丹青,2002),在语言中有相当的凝固性。最长名词短语经常包含介词框架(表 5-19),或者内嵌于介词框架中,但是不能跨越介词框架。如"在/p[这/rN 一/m 基础/n]上/f"。

表 5-19　介词框架示例

项目		互信息	项目		互信息
介词	搭配词		介词	搭配词	
为了	起见	9.203944	对于	来讲	8.105153
除	以外	8.807592	对于	而言	8.096408
对于	来说	8.531036	除	外	7.884629
除了	之外	8.366113	跟	似的	7.512024
连同	在内	8.134556	像	一样	7.372315

4. 介动搭配

介动搭配是我们基于语料库发现的词汇搭配。在短语结构文法中,介词和动词之间不存在直接的语法联系,但表现为稳定的状位介宾结构的介词与动词中心的共现关系(表 5-20)。如"跟/p[洋人/n]沾边儿/v"。

表 5-20 介动搭配示例

项目		互信息	项目		互信息
介词	动词		介词	动词	
替	抱不平	12.79889	跟	过不去	9.486546
替	打圆场	12.53586	给	添麻烦	9.329973
朝	点点头	9.689537	按	排序	9.157399
同	眉目传情	9.570072	向	献媚	9.006089
跟	打群架	9.543129	经	批准	8.878544

典型介动搭配常常在汉语母语者的语感中有明显感知,如<对,感到><为,服务><向,请教>。这可能产生于频次效应。首先,介动组合在语法关系上是稳定的,介宾结构的主要作用是作状语修饰动词中心的结构;其次,介词和动词的词型数有限,特别是介词频次分布较为集中;而宾语中心多是名词,理论上词型数量无限,且低频词条较多,因而宾语中心的不确定性最大,从而介动联系得以凸显。汉语使用者因此在语感中抽象出"介动"格式[①]。

5. 定中式动名搭配

动词作定语是复杂最长名词短语的构造形式之一(表 5-21)。如果能够判定动词或状中结构等直接作定语,就可以甄别错误的最长名词短语左边界,缩小左边界的搜索范围。

---

① 有意思的是,在依存语法中,介词作为介宾结构的中心直接依存于介宾搭配所修饰的动词。

表 5-21　定中搭配示例

项目		频次	项目		频次
动词	名词		动词	名词	
工作	人员	87	准备	工作	51
诉讼	请求	87	解决	方案	51
监督	抽查	64	犯罪	嫌疑人	50
合作	协议	62	应急	预案	44
犯罪	事实	54	生活	方式	37

(二) 搭配获取

互信息是两个事件集合之间的相关性,它可以衡量两个词语相互联系的紧密程度。如果两个词语 w_1 和 w_2 的出现概率为 $P(w_1)$ 和 $P(w_2)$,其互信息可计算如下:

$$I(w_1;w_2) = \log \frac{P(w_1,w_2)}{P(w_1)P(w_2)} \qquad 公式5-19$$

组块意义上的搭配是一种反复呈现的句法搭配模式。理论上,搭配获取应该在明确 w_1 和 w_2 存在某种句法关系的基础上进一步评价 w_1 和 w_2 的关联程度。然而,句法关系标注的语料不可多得,自动句法分析的正确率较低,常常只能在分词或者词类标注的语料上近似地获取搭配数据。我们选择2004年的《北京青年报》作为第三方语料获取搭配关系,并调用中科院计算所的ICTCLAS接口进行分词和词类标注,以明确潜在的句法关系,如动词和名词可以形成动宾搭配、定中式动名搭配等。当然,针对不同搭配类型及使用方法,搭配获取的手段也有所区别。

1. 介词搭配获取

介词搭配包括介宾搭配、介词框架、介动搭配,主要是句法搭配,组块意义上的搭配较少。相对于动词搭配而言,介词搭配较为封闭,我们采用机器获取和人工甄别相结合的方法,获取关系较为紧密的搭配实例和搭配数据。

如果搭配统一表示为 $<preItem, postItem>$,其中,$preItem$ 表

示搭配前项,postItem 表示搭配后项,候选介词搭配自动获取算法如下:

算法 5-3 自动获取介词搭配

输入:《北京青年报》2004 语料

输出:介词搭配对

- 循环处理每一个句子 s
    - 扫描 s 中每一个词 w_i
        - 词频 $f(w_i)$ ++ ,语料总词数 $wordCount$ ++
    - 反向扫描 s
        - 寻找满足一定词类约束条件的 postItem
        - 如果找到 postItem,在小句范围内向前寻找 preItem
        - 如果找到 preItem,计数搭配频率 $f(preItem, postItem)$
- 对每一组搭配对 $<preItem, postItem>$
    - 计算词语出现概率 $P(preItem), P(postItem)$
    - 计算搭配概率 $P(preItem, postItem)$
    - 计算互信息 $MI(preItem, postItem)$
    - 如果 $MI(preItem, postItem) >$ 阈值 α
        - 输出搭配对

通过人工甄别,我们最终获得了介宾搭配 967 条、介词框架 737 条、介动搭配 458 条。

2. 动词搭配获取

识别所用到的动词搭配主要指 VN 搭配,包括动宾搭配、定中式动名搭配。考虑到动词搭配需要获取长距离信息,而常规的固定窗口模型可能带来较多的噪声,特别是跨句噪声,存在先天缺陷,为了尽可能获得长距离搭配,减少错误抽取的机会,我们舍弃常规的固定共现窗口和均分搭配频次的模型,重新设计了一个加权互信息获取模型。

假设小句 s 被动词、介词分割成不同的语块。对于 s 中的每一个动词,令其后每个语块的最后一个名词是它的一级候选搭配词,每个语块内部的其他名词为其二级候选搭配词。模型在小句范围内分四步获取搭配信息：

第一步，利用动词配价词典，标注句子中动词的有效性，识别 2 价以上、能带名词性宾语的动词为有效动词，对每一个有效动词，执行第二步至第四步。

第二步，识别一级候选搭配词，初始化最近候选搭配词频次为 1，以此为起点，右部一级候选搭配词的频次依次乘以加权因子 f_1；当遇到结构助词"的"的时候，重新以 1 为基础频次进行加权。

第三步，以各个一级候选搭配词为起点，反向扫描获取二级候选搭配词，它们的频次依次乘以加权因子 f_2。

第四步，计算每一个搭配的加权互信息 WMI 值，并进行排序。

表 5-22 给出了词性序列"v_1 n n v_2 n n"的加权数据，两个目标动词对应了两组权值 $weight(v_1)$ 和 $weight(v_2)$。

表 5-22 词性序列加权示例

WordID	POS	$weight(v_1)$	$weight(v_2)$
1	v_1		
2	n	$1.0 * f_2$	
3	n	1.0	
4	v_2		
5	n	$1.0 * f_1 * f_2$	$1.0 * f_2$
6	n	$1.0 * f_1$	1.0

动宾搭配采用互信息和规则相结合的方法获取。图 5-17 通过句子实例演示了如何使用加权互信息获取模型获取动宾搭配。

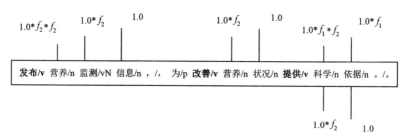

图 5-17 加权互信息搭配获取方法示意图

以"改善/v"为例,模型在小句范围内分两步获取搭配信息。第一步,识别一级候选搭配词"状况/n"和"依据/n",初始化最近候选搭配词"状况/n"的频次为1,以此为起点,右部一级候选搭配词的频次依次乘以加权因子 f_1,"依据"的权值为 f_1。第二步,以各个一级候选搭配词为起点,反向扫描获取二级候选搭配词"科学/n"和"营养/n",它们的频次依次乘以加权因子 f_2,分别为 f_2 和 $f_1 * f_2$。在第一步中,如果遇到结构助词"的",重新以1为基础频次进行加权。

加权搭配模型在一定程度上考虑了名词短语左递归的句法构造特征,可以凸显更多的长距离搭配,特别是"动词 + 含 De 名词短语"中的动名搭配。调节加权因子 f_1 和 f_2 可以控制小句的右端权重和向左的同质成分的权重衰减速度。

基于互信息的方法适用于高频实例,规则方法能获取稀疏搭配,同时获取动宾搭配和定中搭配。为了提高正确率,主要获取句尾搭配,分为两个阶段。第一阶段,标注动词边界有效性,识别"n|vN|aN + 连词|语气词|标点|"等形式中的名词为中心名词 N。第二阶段,主要基于十条规则识别动宾搭配,并推理定中搭配。动宾搭配五条规则包括:

VO_Rule1:对"v + 了|着|过 + x + N"结构,如果 x 中不存在"的/u"、动词、介词等中断成分,识别"v N"为动宾搭配;对"v + 了|着|过 + x + 的 + x_1 + N",如果 x 中不存在中断成分,识别"v N"为动宾搭配。

VO_Rule2:对"v v_1 N"结构,如果"v N"或"v_1 N"为动宾搭配,搭配频次加1。

VO_Rule3:对"$[v_i\ x]^+$ 的 N"结构,如果"v_i N"为动宾搭配,搭配频次加1。

VO_Rule4:对"v x 的 N"结构,如果 x 中不存在中断成分,识别"v N"为动宾搭配。

VO_Rule5:对"v x N"z 结构,如果 x 中不存在中断成分,识别"v

N"为动宾搭配。

定中搭配规则也有五条：

DZ_Rule1：对"v 的 N"结构,识别"v N"为定中搭配。

DZ_Rule2：对"的 + v_1 N",识别"v_1 N"为定中搭配。

DZ_Rule3：对"v v_1 N"结构,如果"v N"为动宾搭配,识别"v_1 N"为定中搭配。

DZ_Rule4：对"v + x + [的] + v_1 N",如果"v N"为动宾搭配,识别"v_1 N"为定中搭配。

DZ_Rule5：对"v x v_1 x n_1 的 N"结构,如果"v N"为动宾搭配,识别"v_1 n_1"为定中搭配。

在获取动宾搭配后,调用定中搭配规则获取定中搭配。搭配获取过程采用标注的方式进行,保证句子中的搭配不被多条规则重复获取数据。

由于语料规模大,为尽量消除低频词词性标注错误的影响,选择搭配频次≥10的搭配进行评价。在加权互信息模型中,经过经验性的调整,设定 $f_1 = f_2 = 0.8$,抽取 5 个随机样本,每个样本 100 组搭配,人工评价其是否能够构成动宾词汇搭配,实验结果如下(表5-23)：

表5-23 加权互信息模型的动宾搭配抽取结果

样本号	1	2	3	4	5	ave
正确率(%)	62.00	67.00	66.00	65.00	71.00	66.20

其中,ave 表示平均值。数据分析表明,长距离加权策略使得 MI 值产生了有益的变化,特别是使紧密的长距离搭配获得了相对更高的评价值,表5-24报告了部分长距离搭配在 WMI 模型与经典 MI 模型(观察窗口[0,5])中获得的评价值。

在"VN"搭配中,不同的动词、名词形成动宾关系和定中关系的能力不同。我们选取在定中关系中对动词有较好结合能力的"能力"一词为搭配后项,当令频次≥5时,抽取实验的结果如表5-25所示。

表 5-24 加权互信息模型 MI 值的改变

ID	V	N	WMI	MI
1	提高	认识	4.970712	3.487450
2	位于	处	6.128926	3.766732
3	平	纪录	7.111156	5.149114
4	运用	方法	7.149187	5.919477
5	抽查	产品	7.169726	5.791281
6	审议	方案	7.484358	5.910167
7	经历	考验	7.557571	6.277409
8	听取	报告	9.476893	7.657483
9	奠定	地位	10.18848	8.365789
10	开创	先河	13.98664	12.63321

表 5-25 基于加权 MI 模型的"能力"搭配抽取评测

RealRel	ExtrVO (type)	Total(type)	Percent (%)
VO	75	153	49.02
DZ	50	153	32.68
ALL	125	153	81.70

其中,RealRel 表示识别结果的真实搭配关系类型,ExtrVO 表示作为动宾关系抽取出来的搭配数量。"能力"的动宾搭配抽取正确率为 49.02%,另外有 32.68% 的定中关系被抽取出来,抽取的非法搭配也占到 18.30%。可见,互信息对于区分"VN"搭配的关系类型并不十分敏感。

为了更好地区分搭配关系,我们采用基于规则的方法进一步获取"VN"动宾搭配和定中关系。规则方法相比统计方法召回率较低,但对于搭配关系具有更好的鉴别力。通过随机抽样程序从抽取结果中选取 5 组样本,每组 100 个搭配,动宾搭配评测结果如下(表 5-26):

表 5-26 基于规则的动宾搭配抽取评测

样本号	1	2	3	4	5	ave
正确率(%)	82.00	89.00	81.00	87.00	88.00	85.4

抽取错误主要以非法搭配为主,极少有定中搭配,其中,"补语动词 $V_{补}+N$"是常见的错误类型,主要来源于"V $V_{补}$ N"序列,$V_{补}$ 大部分是趋向动词。

规则方法对于低频动宾搭配也有更准确的抽取效果。通过随机抽样程序从抽取结果中选取 5 组样本,搭配频次 $\in[1,4]$,每组 100 个搭配进行评价,结果如下(表 5-27):

表 5-27 基于规则的动宾搭配抽取评测(低频搭配)

样本号	1	2	3	4	5	ave
正确率(%)	83.00	83.00	82.00	78.00	80.00	81.20

查询加权互信息模型的频次数据,规则方法抽取的低频搭配与统计方法抽取的低频搭配存在大量重叠,很多规则频次为 1 的搭配真实频次也较低,此时 MI 值难以反映搭配强度。在这个意义上,规则方法与 WMI 模型也具有一定的互补性。

基于规则的定中搭配抽取有底层词性标注的支持,通过慎重的规则设计和规则推理,获得了更好的实验效果。通过随机抽样程序从抽取结果中选取 5 组样本,每组 100 个搭配进行评价,结果如下(表 5-28):

表 5-28 基于规则的定中搭配抽取评测

样本号	1	2	3	4	5	ave
正确率(%)	89.00	86.00	91.00	85.00	85.00	87.20

其中,超过一半的抽取错误为 VO 搭配,分词和词性标注错误也引入了少量抽取错误。此外,对动词次范畴化的描述不够深入也影响了识别精确率,一些动词,如"告诉"不能做定语,也被抽取出来,在词典中进行更细致的描述可以避免此类错误。

规则方法对于低频定中搭配也有较好的效果。从抽取结果中随机选取 5 组低频样本,搭配频次 $\in[1,4]$,每组 100 个搭配,抽取正确率接近总体抽样评价(表 5-29):

表 5-29 基于规则的定中搭配抽取评测(低频搭配)

样本号	1	2	3	4	5	ave
正确率(%)	87.00	85.00	88.00	86.00	85.00	86.40

鉴于规则方法对于搭配抽取具有更高的可靠性,系统采纳基于规则获取的动宾搭配 ruleVO 和定中搭配 ruleDZ,并从基于加权互信息获取的搭配 miVO 中获得互信息数据。为了减少搭配错误的干扰,我们采用 ruleVO 中 WMI > 5 的搭配 16827 条,以及 ruleDZ 中全部搭配 12150 条进行实验,而不进行任何人工干预。

四、评价规则设计

评价规则主要分为两种:词汇搭配规则和结构化规则。评价采用投票的方式。由于词汇消歧特征有限,总得票数受到限制,并且词汇特征也有较好的可信度,我们采取得分和否决两种投票机制,其中否决票以 $-\beta(\beta=10)$ 的形式表达。在以下描述中,$preItem$ 表示搭配前项,$postItem$ 表示搭配后项,$word$ 表示单词,下标 f 表示 sMNP 首词位置,下标 h 表示 sMNP 尾词位置,$Score(sMNP)$ 表示对 sMNP 的评分。

(一) 词汇搭配规则

词汇搭配规则由两个部分组成:搭配信息和分值评价。根据搭配与 sMNP 的位置关系,又分为两组:一组是框式搭配规则,如介词框架、介动搭配等对应的评价规则;一组是交式搭配规则,如动宾搭配、介宾搭配等对应的评价规则。在集成系统中,词汇搭配规则主要有两个方面的作用:参与评价当前 sMNP 的可靠性;划分语块,评价当前 $sMNP$ 的合法性。框式规则和交式规则具体可描述如下:

1. 边界有效性规则

动词和介词的边界有效性是指动词或者介词在当前语境下是否可以充当 sMNP 左边界邻接词,包括静态有效性和动态有效性。静态有效性由动词配价信息决定,如一价动词、能愿动词等一般不带名词性宾语。动态有效性由词语在句子中的位置决定,比如,动词后出现逗号,各种动词重叠式的第一个动词都不能充当 sMNP 左边界。

边界有效性可以独立作为一条评分规则,也能为结构化规则和确定性规则减少候选左边界数目。边界有效性规则描述如下:

适用环境：$preItem\ sMNP$。

评价规则：如果 $preItem$ 是无效边界，$Score(sMNP) = Score(sMNP) - \beta$。

环境示例：合同/d 作战/v［理论/n］，其中，"作战/v"是一价动词，不能带宾语，其后左边界是无效边界，投否决票。

2. 框式搭配规则

适用环境 A：$preItem\ sMNP\ postItem$。

评价规则：如果 $preItem, postItem$ 构成框式搭配，则
$$Score(sMNP) = Score(sMNP) + 1$$

环境示例：在/p［结构/n 和/c 性能/n］上/f，其中，"在/p……上/f"是框式搭配，投赞成票，$sMNP$ 得分。

适用环境 B：$word_f\ldots preItem\ldots word_h\cdots postItem$；
$preItem\ldots word_f\cdots postItem\cdots word_h$。

评价规则：如果 $preItem, postItem$ 构成框式搭配，$word_f\ldots word_h$ 构成 $sMNP$，则 $Score(sMNP) = Score(sMNP) - \beta$。

环境示例：在/p［教师/n 工作/n 中/f 存在/v 的/u 一些/m 问题/n］，其中，"在/p……中/f"是框式搭配，$sMNP$ 跨越了框式搭配，投否决票。

3. 交式搭配规则

适用环境 A：$preItem\ word_f\ldots postItem_h$。

评价规则：如果 $preItem, postItem_h$ 构成交式搭配，$word_f\ldots postItem_h$ 构成 $sMNP$，则 $Score(sMNP) = Score(sMNP) + 1$。

环境示例：付出/v［全部/n 心血/n］，其中，"付出/v"和"心血/n"构成交式搭配，投赞成票，$sMNP$ 得分。

（二）结构化规则

结构化规则针对具体的语言结构，通过考虑歧义结构与 sMNP 可能存在的位置关系，利用词汇搭配规则进行评价，对不同的位置关系进行打分，优选最可能的位置关系。

令 $head(phrase)$ 表示提取短语 $phrase$ 的中心词；$syn(word_1,$

$word_2$)表示 $word_1$ 和 $word_2$ 构成搭配,关系为 syn;以 $sMNP$ 首词位置为 0, $tag = tag^i$ 表示 tag 位于位置 i,符号! 表示否定。我们选择五组典型结构歧义模式或边界歧义模式,描述其消歧过程,其中,bnp 既包含了 baseNP,也包含单词块。

1. p bnp De v

构成名词短语,如:对/p 敌人/n 的/u 仇恨/v;或者"bnp De v"位于介词框架内,如:在/p 他/rN 的/u 倡导/v 下/f。评价规则如下:

当 $p = p^0$, vo(v, head(bnp)),则 $Score(sMNP) = Score(sMNP) + 1$。

当 $p = p^{-1}$, vo(v, head(bnp)),则 $Score(sMNP) = Score(sMNP) - \beta$。

该规则理解为,当动词和基本名词块的中心词构成动宾搭配时,介词一般位于 sMNP 结构内。

在"对/p 敌人/n 的/u 仇恨/v"中,如果介词"对/p"识别为 $sMNP$ 首词,判断"仇恨/v"和基本名词块中心词"敌人/n"能够构成动宾搭配,投赞成票,$sMNP$ 得分;如果介词"对/p"识别为 $sMNP$ 左邻接词,判断"仇恨/v"和基本名词块中心词"敌人/n"能够构成动宾搭配,投否决票。

在"在/p [他/rN 的/u 倡导/v] 下/f"中,"倡导/v"和基本名词块中心词"他/rN"不能构成动宾搭配,不适用该规则。

2. v bnp$_1$ De bnp$_2$

构成名词短语,如:没有/v 爱情/n 的/u 婚姻/n;或者作为动宾结构,如:揣摩/v 对方/n 的/u 心理/n。评价规则如下:

当 $v = v^0$, vo(v, head(bnp_1)),则 $Score(sMNP) = Score(sMNP) + 1$。

当 $v = v^{-1}$, vo(v, head(bnp_1)),则 $Score(sMNP) = Score(sMNP) - \beta$。

该规则理解为,当动词和第一个基本名词块的中心词构成动宾搭配时,动词一般位于 sMNP 结构内。

在"没有/v 爱情/n 的/u 婚姻/n"中,如果动词"没有/v"识别为 $sMNP$ 首词,判断"没有/v"与 bnp 中心词"爱情/n"能够构成动宾搭配关系,投赞成票,$sMNP$ 得分;如果动词"没有/v"识别为 $sMNP$ 左邻接词,判断"没有/v"与 bnp 中心词"爱情/n"能够构成动宾搭配关系,投否决票。

在"揣摩/v 对方/n 的/u 心理/n"中,如果动词"揣摩/v"识别为 $sMNP$ 首词,"揣摩/v"不能与 bnp 中心词"对方/n"构成动宾搭配关系[①],不适用第一条规则;同样,也不适用于第二条规则。

3. v n_1 n_2

构成名词短语,如:抗旱/v 工作/n 情况/n,处理/v 问题/n 能力/n;或者作为动宾结构,如:保护/v 国家/n 财产/n。评价规则如下:

当 $v = v^0$,! $dz(v, n_1)$,$vo(v, n_2)$,则 $Score(sMNP) = Score(sMNP) - \beta$。

当 $v = v^{-1}$,$dz(v, n_1)$,! $vo(v, n_2)$,则 $Score(sMNP) = Score(sMNP) - \beta$。

该规则理解为,当动词和第二个名词构成动宾搭配,且不与第一个名词构成定中搭配时,动词一般位于 $sMNP$ 外部。

在"抗旱/v 工作/n 情况/n"中,如果动词"抗旱/v"识别为 $sMNP$ 首词,判断"抗旱/v"能与"工作/n"构成定中搭配关系,且不能与"情况/n"构成动宾搭配关系,不适用第一条规则;如果动词"抗旱/v"识别为 $sMNP$ 邻接词,判断"抗旱/v"能与"工作/n"构成定中搭配关系,且不能与"情况/n"构成动宾搭配关系,适用第二条规则,投否决票。

在"保护/v 国家/n 财产/n"中,如果动词"保护/v"识别为 $sMNP$ 首词,判断"保护/v"不能与"国家/n"构成定中搭配关系,且能与"财产/n"构成动宾搭配关系,适用第一条规则,投否决票;如果

---

① 能否形成动宾搭配是根据所收录的搭配知识进行判断。

动词"保护/v"识别为 sMNP 邻接词,判断"保护/v"不能与"国家/n"构成定中搭配关系,且能与"财产/n"构成动宾搭配关系,不适用第二条规则。

为了保证规则的正确率,该规则只考虑了有限的情况,部分"v n_1 n_2"结构不在该规则的适用范围内,比如:在"处理/v 问题/n 能力/n"中,如果动词"处理/v"识别为 sMNP 首词,判断"处理/v"不能与"问题/n"构成定中搭配关系,且不能与"能力/n"构成动宾搭配关系,不适用第一条规则;如果动词"处理/v"识别为 sMNP 邻接词,判断"处理/v"不能与"问题/n"构成定中搭配关系,且不能与"能力/n"构成动宾搭配关系,不适用第二条规则。

4. v n

构成名词短语,如:作战/v 理论/n;或者动宾结构,如:渡过/v 难关/n。评价规则如下:

当 $v = v^0$,! dz(v, n),vo(v, n),则 $Score(sMNP) = Score(sMNP) - \beta$。

当 $v = v^{-1}$,dz(v, n),! vo(v, n),则 $Score(sMNP) = Score(sMNP) - \beta$。

该规则理解为,当动词和名词构成动宾搭配,且不构成定中搭配时,动词一般位于结构外。

在"作战/v 理论/n"中,当动词"作战/v"识别为 sMNP 首词,判断"作战/v"与"理论/n"能构成定中搭配关系,且不能构成动宾搭配关系,不适用第一条规则;当动词"作战/v"识别为 sMNP 左邻接词,判断"作战/v"与"理论/n"能构成定中搭配关系,且不能构成动宾搭配关系,投否决票。

在"渡过/v 难关/n"中,当动词"渡过/v"识别为 sMNP 首词,判断"渡过/v"与"难关/n"不能构成定中搭配关系,且能构成动宾搭配关系,投否决票;当动词"渡过/v"识别为 sMNP 左邻接词,判断"渡过/v"与"难关/n"不能构成定中搭配关系,且能构成动宾搭配关系,不适用第二条规则。

5. (v | p)$^+$ *sMNP*

连续动词和介词分布造成的边界歧义,基于单一语料(最佳效果语料,基于 baseNP 归约的识别结果)消歧,假设每一个动词或介词都可以作为左邻接词候选,调用前四种规则依次进行评价,获得评价值。

（三）确定性规则

前两种评价规则基于多个分类结果、多条规则评分确定一个边界位置,确定性规则基于单个分类结果和一条规则决断边界位置。确定性规则对于两个基本分类器都发生错误的情况具有纠错作用,主要处理六种情况:

1. "的"字结构

当右边界为"的/u"时,向前寻找左邻接特征词"是、有、凡是、凡、像、如、为、总是、特别是"等,如果找到,将左边界调整至左邻接特征词之后。

例如,"凡是/d 要求/vJY [部队/n 做到/v 的/u]",根据规则调整为"凡是/d [要求/vJY 部队/n 做到/v 的/u]"。

2. "者"字结构

当右边界为"者/k"时,向前寻找左邻接特征词"凡是、凡"等,如果找到,将左边界调整至左邻接特征词之后。

例如,"凡/d 可/vM 作/v [科研/b 标本/n 者/k]",根据规则调整为"凡/d [可/vM 作/v 科研/b 标本/n 者/k]"。

3. 双宾结构

对于双宾结构,分类器常常捆绑间接宾语和直接宾语。双宾结构规则目的是将间接宾语和直接宾语重新划分开来。一些线性特征可以成为判别双宾结构的依据,如双宾动词 vSB 的出现,间接宾语常常是人称代词或者称谓名词,直接宾语常常带句法标记,如数量结构等。

利用双宾动词表 vSBTbl,间接宾语中心词表 N_1Tbl(主要收录人称代词和称谓词),双宾结构规则描述如下:

在"$vSB\ word_f\ word_{f+1}\dots word_i\ word_{i+1}\ word_{i+2}\dots word_h$"序列中,如果 $word_i \in N_1Dic$,且 $word_{i+1}$ 和 $word_{i+2}$ 构成数量结构或指量结构,原序列调整为:$vSB\ word_f\ word_{f+1}\dots word_h\ word_f\ word_{i+1}\dots word_h$。

例如,"交给/vSB [我/rN 一/m 份/qN 材料/n]",根据规则调整为"交给/vSB [我/rN] [一/m 份/qN 材料/n]"。

4. 主谓谓语句

对于主谓谓语句,分类器常捆绑大主语和小主语。主谓谓语句规则目的是将大主语和小主语重新划分开来。大主语和小主语之间的语义距离(张敏,1998)可以作为判别主谓谓语句的依据,语义距离大的相邻名词成分不能构成定中结构①。具体来说,以下三种模式的前项和后项存在相对较大的语义距离:

(1) 人及其部分(HmPart),如"我/rN"和"腿/n";
(2) 人及其心理(Mind),如"爸爸/n"和"心情/n";
(3) 实体与实体,如"今天/t"和"中国/nS"。

当然,物及其部分也可能存在较大语义距离。值得注意的是,短语在句中的位置对于判定主谓谓语句非常重要,比如,当"我/rN 心情/n"位于句首主语位置时,通常为大主语和小主语关系,而处于宾语位置时,常常作为一个名词短语。

主谓谓语句规则主要处理前两种情况,实体与实体关系在相邻实体模块中处理。词汇语义距离和语义关系通过词典给出,语义词典 semDic 记录词语语义类别,如条目"我/rN Human"等,关系词典 relDic 记录词语与词语、词语与语义类别的关系,如条目"@Human 心情/n Mind""*/nP 腿/n HmPrt",其中,@标识语义类别。据此,主谓谓语句规则可以表述如下:

在句首或者小句首位置,$word_f\ word_{f+1}\dots word_i\ word_{i+1}\dots word_h$ 序列中,如果 $word_i$ 和 $word_h$ 在 3 个词的窗口内满足 relDic

---

① 语义距离大的名词成分需要以"的"等标记介接构成定中结构。

中的语义关系,则原序列重新划分为:$word_f\ word_{f+1}...\ word_h$ $word_f...\ word_h$。

例如,"[群龙/nP 眼珠/n] 略微/dD 一/d 转/v",根据规则调整为"[群龙/nP][眼珠/n] 略微/dD 一/d 转/v"。

5. 相邻实体

相邻实体可以形成多种句法关系,如联合关系、修饰关系,也可以不形成句法关系,如主谓谓语句中的大主语和小主语,句子主语和状语等。相邻实体的调整规则分为合并规则和划分规则两种。

合并规则针对时间实体,如果基本分类器所识别的连续 sMNP 中心词均为时间词(包括时间代词和时间名词),那么,将连续的多个 sMNP 合并为一个 sMNP。

划分规则处理三种情况:

(1) 人名|地名 + 时间短语。如果 $word_f...\ word_i\ word_{i+1}...\ word_h$ 序列不包含动词和 De,且 $word_i$ 是人名、地名或处所词,$word_{i+1}$ 是时间词或数词,$word_h$ 是时间词或时间量词,则原序列重新划分为:$word_f...\ word_h\ word_f...\ word_h$。

(2) 时间短语 + 指人代词序列。如果 $word_f...\ word_i\ word_{i+1}...\ word_h$ 序列不包含动词和 De,且 $word_i$ 是时间词,$word_{i+1}$ 不是时间词,$word_h$ 是指人代词,则原序列重新划分为:$word_f...\ word_h$ $word_f...\ word_h$。

时间短语位于人名和地名之后(1),或者位于指人代词之前(2)时,大多作为两个 NP,因此统计模型对于这种情况识别效果较好,错误存在但并不多见。例如"[联合国/nO 秘书长/n 加利/nP 17/m 日/qT] 向/p [安理会/nO] 介绍/v 萨尔瓦多/nS 选举/vN 情况/n] 时/f 说/v",根据规则 A 调整为"[联合国/nO 秘书长/n 加利/nP][17/m 日/qT] 向/p [安理会/nO] 介绍/v [萨尔瓦多/nS 选举/vN 情况/n] 时/f 说/v"。

(3) 时间短语 + 指人名词|地名|机构名。时间词是一种句法功能复杂的词类,根据识别需要,在时间词典 timeDic 中,对时间词与

指人名词、地名、机构名以及普通名词的组合能力进行了标注。例如,"不一会儿/t"不能修饰名词和命名实体,而"现代/t"则可以修饰地名"中国/nS"、指人名词"人类/n"及其他普通名词等,我们对不可修饰关系进行了从严标注。时间词与名词的组合能力如表5-30所示,其中,"No"表示不可修饰关系,"+"表示可修饰关系。

表5-30 时间词与名词的组合能力

时间词	指人名词	地名	机构名	普通名词
待会儿	No	No	No	No
一霎时	No	No	No	No
昨夜	No	No	No	+
学龄前	+	No	No	+
战后	No	+	No	+
清初	+	+	+	+

如果 $word_f \ldots word_i\ word_{i+1} \ldots word_h$ 序列不包含动词和 De,且 $word_i$ 是时间词,在以下四组条件下,原序列重新划分为 $word_f \ldots word_h\ word_f \ldots word_h$ 序列:

① 时间短语+人名。$word_i$ 不可修饰人名,$word_{i+1}$ 是人名、数词或代词,$word_h$ 是人名、指人代词或名词。

② 时间短语+地名。$word_i$ 不可修饰地名,$word_{i+1}$ 是地名、数词或代词,$word_h$ 是地名、处所或代词。

③ 时间短语+机构名。$word_i$ 不可修饰机构名,$word_{i+1}$ 是机构名、数词或代词,$word_h$ 是机构名。

④ 时间短语+普通名词短语。$word_i$ 不可修饰名词性成分,$word_{i+1}$ 是命名实体、数词或普通名词,$word_h$ 是命名实体或普通名词。

由于内部情况复杂,统计模型对于以上四种情况的标注有时会出现错误,根据上述规则可以修正部分错误结果。

例如,"[过后/t 你们/rN 一/m 位/qN 同志/n] 找/v [我/rN] 要去/v 了/u",根据规则①调整为"[过后/t] [你们/rN 一/m 位/qN

同志/n] 找/v [我/rN] 要去/v 了/u"。

6. 括号匹配

如果 sMNP 跨越匹配括号的单个括号,则以右边界为基准,搜索第一个合法的动词介词或者中断标点(逗号等),作为左邻接词。如果右边界在右括号内,则左边界在括号内搜索;如果右边界在右括号外,则左边界从对应的左括号开始搜索。

五、集成算法

鉴萍等(2009)采用了双向 SVM 作为基本分类器。我们的想法是,基于 CRFs 和基于 SVMs 的序列标注器,一个具有全局最优特性,一个具有确定性的特点(鉴萍等,2009),其识别结果应该具有互补性;并且,归约方法和非归约方法、正向标注策略和逆向标注策略也应该具有互补性。

因此,集成系统采用两个 sMNP 基本分类器和一个 baseNP 识别器。为了增加基本分类器的差异性,我们分别采用基于 CRF 模型的归约识别系统和基于 SVM 的非归约反向识别系统。baseNP 识别器仍然基于 CRF 模型识别 baseNP。集成系统的算法如下:

算法 5-4　基于分类器集成最长名词短语识别

输入:基于 CRF 和 SVM 的 sMNP 识别结果语料,动词配价词典,搭配词典,双宾动词表 vSBTbl,间接宾语中心词表 N_1Tbl,语义词典 semDic,关系词典 relDic,时间词典 timeDic

输出:集成系统的 sMNP 识别结果

- 顺序读入 CRF 和 SVM 识别结果语料的一个句子 S_c 与 S_v
  - 对 S_c 标注动词和介词的边界有效性
  - 对 S_c 标注介词搭配信息
  - 反向扫描 S_c 与 S_v,对每一个 *sMNP*
    - 如果左右边界相同,评价连续的动词和介词
    - 如果右边界相同,左边界不同,评价左边界邻接词
    - 取评价最高的一个词语作为左邻接词,修正 S_c
- 正向扫描 S_c 与 S_v,对每一个 *sMNP*

- 如果左边界相同,右边界不同,评价右边界邻接词
- 取评价最高的一个词语右邻接词,修正 S_c
■ 使用确定性规则识别
■ 输出 S_c

其中,词语作为边界邻接词的评分首先使用词汇化规则和结构化规则进行评价,当得分相同时,使用词汇搭配数据进行评价,如动宾搭配的加权互信息等。

六、实验结果及分析

实验表明,基于分类器集成的方法在每一组样本上都有小幅的稳定提高,整体识别效果提高 0.5% 左右(表 5-31)。

表 5-31 分类器集成方法的实验结果

Sam	LB_prc	LB_rec	LB_F1	RB_prc	RB_rec	RB_F1	ST_prc	ST_rec	ST_F1
1	94.12	94.43	94.27	95.89	96.12	96.00	89.65	89.85	89.75
2	93.52	93.74	93.63	95.15	95.25	95.20	88.64	88.75	88.69
3	93.86	95.01	94.43	95.56	96.57	96.06	89.38	90.33	89.85
4	94.23	94.16	94.19	96.07	95.93	96.00	89.70	89.55	89.63
5	93.68	94.34	94.01	95.51	96.05	95.78	89.13	89.63	89.38
ave	93.88	94.33	94.11	95.63	95.98	95.81	89.30	89.62	89.46

多词结构的识别效果提高了 0.75% 左右(表 5-32)。

表 5-32 分类器集成方法的实验结果(多词结构)

Sam	LB_prc	LB_rec	LB_F1	RB_prc	RB_rec	RB_F1	ST_prc	ST_rec	ST_F1
1	89.83	90.91	90.37	93.84	94.96	94.40	85.43	86.46	85.94
2	89.03	89.43	89.23	93.53	93.94	93.73	84.30	84.68	84.49
3	89.85	90.79	90.32	94.01	94.99	94.50	85.56	86.45	86.01
4	90.63	90.27	90.45	94.60	94.23	94.42	86.22	85.88	86.05
5	89.92	89.91	89.92	94.41	94.39	94.40	85.50	85.48	85.49
ave	89.85	90.26	90.06	94.08	94.50	94.29	85.40	85.79	85.60

基于分类器集成的方法一定程度上改善了识别结果,词汇搭配规则和结构化规则发挥了主要的作用。确定性规则解决了部分连续名词边界歧义,这是前人研究所没有关注到的。我们仅仅采用了少量未经人工干预的"VN"搭配,使得连续动词边界歧义和结构化歧义也有所改善,动宾搭配覆盖率低、质量不够高,限制了识别效果的进一步提高。

　　分类器集成有利于发现识别错误和识别难点,但两个基本分类器相同的识别错误也使得很多错误难以被发现和纠正。解决这个问题的办法通常是增加更多的基本分类器。我们通过分析 sMNP 识别难点和制定针对性的规则,比如结构化规则 5 和确定性规则,消解连续名词边界歧义和连续动词边界歧义。但是,动词和介词内含型歧义仍然是难点问题。

第六章

内层最长名词短语的识别

内层最长名词短语是位于表层最长名词短语内部的句法级最长名词短语。统计分析表明,由于最长名词短语的线性特征具有一致性,而内层最长名词短语数量较少,造成邻接概率较低。但是,表层最长名词短语的识别为内层最长名词短语的识别提供了良好的条件,表现在三个方面:

第一,规定内层最长名词短语左右边界的最大范围,减少了候选边界的个数。

例1 ［艺术/n 对象/n］创造/v 出/vB［懂得/v［艺术/n］和/c 能够/vM 欣赏/v［艺术/n］的/u 大众/n］。/。

如果左边界只能出现在二价动词之后,识别表层最长名词短语后,句中第二个"艺术/n"作为 iMNP,候选左边界由三个减少到一个,第三个"艺术/n"的候选左边界由四个减少到两个。

第二,线性特征如果在表层最长名词短语的范围内获取,可以得到更好的凸显。例1在识别表层最长名词短语后,动词 v 出现在左边界之前的机会由 2/3 上升到 1。

第三,有效地消解部分由复杂定语引入的结构歧义。

例2 ［美/a 的/u 教育/vN］具有/v［解放/v 思想/n 的/u 品质/n］

"的"引入的定语可以包含动词性成分,也可以不包含动词性成分。例2确定表层最长名词短语之后,基本可以确定"思想"构成了内层最长名词短语。

在识别表层最长名词短语的基础上,本章进一步识别内层最长名词短语。

第一节 层级构造

由于复杂的句子构造,内层最长名词短语呈现出多层级分布。在 TCT 语料库中,它分布在四个不同的层次上,每一层次上的分布比例如下(表 6-1):

表 6-1 iMNP 层次分布

层次	比例(%)	平均长度	最大长度
1	95.22	2.22	33
2	4.64	2.00	17
3	0.14	1.84	7
4	0.01	2.33	3
total	100.00	2.21	33

iMNP 具有明显的层级分布倾向性,集中分布于第一个层次,占据了 95% 以上的比例,在第二层上也有所分布。分布在第三层和第四层上的 iMNP 数量微乎其微。因此,第一、二层次,特别是第一层次,是内层最长名词短语识别的重点。

内层最长名词短语由表层复杂最长名词短语引入。第一层上的 iMNP 主要由含"的"表层最长名词短语直接造成;深度嵌套的第二、三、四层上的 iMNP 一般由含"的"表层最长名词短语内嵌主谓、动宾或者介宾等结构造成,并且主谓结构、动宾结构直接作定语也成为一种重要内嵌因素。例如:

(1) 动宾结构直接作定语。

例 3 [双方/n] 都/d 认为/v,/,[包括/v ["/" [劫机犯/n] 遣返/v "/"、/、"/" [违反/v [有关/b 规定/n] 进入/v [对方/n 地区/n] 人员/n] 遣返/v 及/c 相关/vN 问题/n "/"、/、"/" 台湾/nS 海峡/nS 海/n 上/f 海事/n 纠纷/n 之/u 处理/vN "/" 三/m 项/qN 事务性/n

议题/n］的/u 商谈/vN］已/d 取得/v［很/dD 大/a 共识/n］]

（2）常见的复杂词组及其变体参与构造最长名词短语。如"［建设/v［有/v［中国/nS 特色/n］社会主义/n］理论/n］"及其类似形式，构成深度的嵌套，当该形式作为名词短语进入句子时，可使得结构嵌套更深。

例4 ［上海/nS］在/p［贯彻/v 落实/v［邓小平/nP 同志/n 关于/p［建设/v［有/v［中国/nS 特色/n］的/u 社会主义/n］的/u 思想/n］和/c 十四大/nR 精神/n］方面/n］很/dD 积极/a/，很/dD 认真/a/，很/dD 有/v［成效/n］

当然，一些括号、引号等标点符号以及并列结构参与构造最长名词短语，也容易使得结构复杂化，从而形成深度结构。

第二节　识别难点分析

总体而言，无论是长度还是内部结构方面，相对于表层最长名词短语，内层最长名词短语都更为简单；内层最长名词短语还具有非常明显的左邻接词类特征，大多数 iMNP 分布在动词和介词之后，这些都是识别的有利条件。

但是，内层结构的识别也有自身的难点。第一，数据相对稀疏。相对于表层最长名词短语，内层最长名词短语的数量较少，并且多层次不均匀的结构分布导致了深层次（第二层及以上）结构的数据稀疏，为统计机器学习技术的应用和实例性规则的应用增加了难度。第二，内层最长名词短语呈现多层级结构，如何选择合适的识别策略是重要问题。我们在第三节中继续讨论。第三，从某一层的结构来看，内层最长名词短语的边界歧义主要表现为左边界处的名词边界歧义和动词介词内含。这里举较为常见的五种类型：

名词性成分 + 动词性成分 + De + 中心语

动词介词内含。常见结构是名词性成分作动词性成分的主语，形成主谓结构作定语。但是,名词性成分也可以作为其后定中结构的修饰语。如"厂房/n 高耸/v 的/u 烟囱/n"。

代词 + 名词短语 + 方位词 + [谓语] + De + 中词语

名词边界歧义。代词和名词短语之间形成连续的名词边界歧义。如"这/rN [实际/n] 上/f 虚无飘渺/iV 的/u 海市/n"。

代词 + 主语 + 谓语 + De + 中心语

名词边界歧义。代词和主语之间形成连续的名词边界歧义。如"那些/rN [品质/n] 低劣/a 的/u 药材/n"。

量词 + 名词短语 + 方位词 + [谓语] + De + 中心语

量名边界歧义。量词词和名词短语之间形成连续的名词边界歧义。如"一/m 颗/qN [药典/n] 上/f 没有/v 的/u 定心丸/n"。

量词 + 主语 + 谓语 + De + 中心语

量名边界歧义。量词在表层最长名词短语中一般不充当左邻接词,但在内层最长名词短语,这种歧义现象较为常见。如"一/m 杯/n [香味/n] 浓郁/a 的/u 雀巢/nR 咖啡/n"。

这些歧义大都是谓词性结构嵌入名词短语所形成的线性表现,这与上文关于谓词性成分是造成复杂 MNP 重要因素的论断一致。内层最长名词短语也存在连续动词和介词边界歧义,但相对于 sMNP 比例有所减少。

第三节 识别策略的确定

识别策略的确定着重考虑两个方面的问题。第一,如何识别多层级结构;第二,减轻结构歧义和数据稀疏可能造成的影响,如漏识问题。

首先,多层级结构的识别有两种策略可供选择。第一种是不分层识别,一次性识别所有的边界位置;第二种是分层次识别,在识别上一层的基础上识别下一层结构。策略选择需要考虑三个方面的

因素:

第一,不分层识别有两个问题需要解决。一是不能保证左右边界数量相同,识别完成后需要对左右边界重新匹配;二是内层最长名词短语也存在边界重叠的现象。比如,对"是/vC 在/p [[通货膨胀/n] 长期/d 威胁/v 的/u 背景/n] 下/f 发展/v 起来/vB 的/u"而言,不分层识别通常只能识别边界位置,而不能确定一个边界位置上边界数量。

第二,iMNP 的多层级结构呈现严重的倾向性分布,分布在第一层的 iMNP 达到95%以上。也就是说,iMNP 的识别效果基本取决于第一层结构的识别效果。在某种意义上,这对于解决多层级识别中的数据稀疏问题是一个有利条件。如果能够寻找到其他方式,对深层结构的稀疏数据进行补充,即可以通过多层级的方式完成 iMNP 的识别。

第三,结构歧义和数据稀疏容易造成识别错误,包括漏识问题。我们发现,内层最长名词短语与基本名词块有着较好的映射关系,82%以上内层最长名词短语均由基本名词块直接实现而成,而基本名词块可以在整个句子范围内,而非上一层 iMNP 范围内进行训练,数据量充分。因此,通过对基本名词块映射为 iMNP 条件的判断,可以补充漏识的 iMNP,并取消部分错误识别的 iMNP。

第四节 多层级的 iMNP 识别

一、系统流程

多层级的 iMNP 识别的基本思想是在识别上一层 iMNP 的基础上,识别当前层次的 iMNP,直到达到规定的训练深度,或者无法发现当前层次存在目标结构。基本流程如下所示(图6-1):

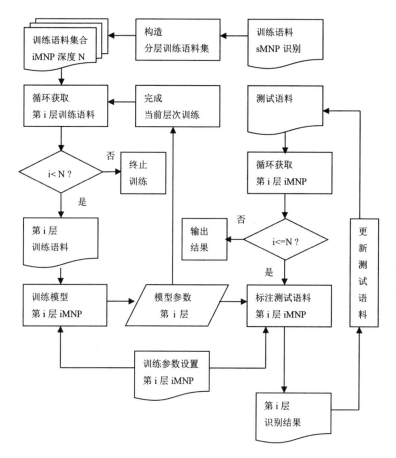

图 6-1 多层级 iMNP 识别流程图

SVM 模型和 CRF 模型都能较好地克服数据稀疏现象[①]。但是,相对于表层最长名词短语,内层最长名词短语长度大大减小,绝大部分 iMNP 的内部结构更接近于基本名词块。根据徐昉等(2007)

---

① 廖先桃(2006)认为,CRF 模型能够较好地解决数据稀疏问题,在实例较少的数据上也能取得较好效果。

的研究，由于 CRF 可以利用丰富的上下文信息，所以识别连续较短的 BaseNP 效果较好，而 SVM 将模型向量空间映射到高维空间，低维空间的细小特征贡献相对减小，所以识别较长的 BaseNP 时效果较好。考虑到 iMNP 的长度分布，绝大部分 iMNP 长度较小，因此，每一层的识别工具仍然采用 CRF 模型。

在图 6-1 的左部训练模块中，所获取的第 i 层训练语料并不是完整的句子，而是标注了第 i 层 iMNP 信息的第 i-1 层 MNP。比如，第一层 iMNP 的训练语料是标注了第一层 iMNP 的 sMNP，例 1 的线性文本样例如下：

例 5 懂得/v[艺术/n]和/c 能够/vM 欣赏/v[艺术/n]的/u 大众/n

在右部测试模块中，"更新测试语料"是指将识别的第 i 层 iMNP 的边界信息写入测试语料。

二、特征及标记集

内层最长名词短语每一层次的识别仍然采用 CRF 模型，并且为每一层结构设置独立的标记集，尝试不同的模板设置（表 6-2）。

表 6-2　分层特征选择

模板名称	iMNP 层次	标记集	特征窗口
template_iMNP1	1	BMEOS	[-2,2]
template_iMNP2	2	BMEOS	[-2,2]
template_iMNP3	3	BIO	[-2,2]
template_iMNP4	4	BIO	[-2,2]

经过调试，内层最长名词短语在特征窗口[-2,2]上能够取得较好效果，因此我们选择特征窗口[-2,2]，并使用统一的特征模板 template_iMNP。

三、实验结果及分析

为了观察识别系统的性能，实验采用正确标注了表层最长名词短语的 sample5 语料进行 5 折交叉验证(表 6-3)：

表 6-3 多层级 iMNP 识别结果

Sam	ST_std	LB_prc	LB_rec	LB_F1	RB_prc	RB_rec	RB_F1	ST_prc	ST_rec	ST_F1
1	1476	90.07	81.78	85.72	91.05	82.67	86.66	82.99	75.34	78.98
2	1373	90.64	83.90	87.14	89.86	83.19	86.39	84.34	78.08	81.09
3	1312	89.25	80.34	84.56	92.13	82.93	87.28	83.83	75.46	79.42
4	1324	91.40	82.70	86.84	92.99	84.14	88.34	85.98	77.79	81.68
5	1451	90.19	82.36	86.10	91.48	83.54	87.33	85.06	77.67	81.20
ave	−	90.31	82.22	86.07	91.50	83.29	87.20	84.44	76.87	80.47

分析表明,层级越深的结构,数据稀疏问题越严重,识别难度越大,特别是第三层及以上的最长名词短语。但数据稀疏只是问题的一个方面,内部结构歧义和边界歧义是造成识别错误的更根本的原因,数据稀疏加剧了两者的影响。实验错误主要包括以下五个方面：

1. 上层结构识别错误对深层结构造成不利影响

一方面,上层结构的一个识别错误会影响一个或多个深层结构的识别；另一方面,包含深层结构的 iMNP 都是结构较为复杂的 iMNP,识别难度较大,更容易发生识别错误。例如[①]：

例 6 这/rN 是/vC 由/p[凡勃伦/nP]为/v[代表/n 的/u 美国/nS 制度/n 学派/n]演变/v 而/c 来/vB 的/u 一/m 个/qN 学派/n。/。

其中,"凡勃伦/nP 为/v 代表/n 的/u 美国/nS 制度/n 学派/n"为第一层 iMNP,它没有得到正确识别,而是直接误识为两个第一层 iMNP,破坏了正常的识别顺序。尽管"凡勃伦/nP"是正确的第二层 iMNP,但层次划分错误,并导致识别出"代表/n 的/u 美国/nS 制度/n 学派/n"这一错误短语。

2. 联合结构造成边界歧义

iMNP 内部联合结构较多,错误主要包括三种情况：

一是并列名词短语被错误地切开,如下面的例子中,联合结构

[①] 我们尽量将 iMNP 错误实例放入更大的例句范围进行观察,而不仅仅是输入的 sMNP。

"资源/n 环境/n 和/c 历史/n 条件/n"整体充当小句的主语,却被错误划分:

例7 对于/p 资源/n 环境/n 和/c［历史/n 条件/n］都/d 与/p［苏联/nS］不同/a 的/u 东欧/nS 国家/n,/, 则/c 更/dD 难/aD 说/v 是/vC 适合/a 的/u。/。

二是包含动词性结构的短语和名词短语并列造成的错误。比如,当名词短语与主谓结构作定语的名词短语并列时,第一个名词短语并列项和主语错误识别为 iMNP:

例8 这/rN 就/d 要求/vJY 我们/rN 适应/v 新/a 的/u［形势/n 和/c 事业/n］发展/v 的/u 需要/vN,/, 进一步/d 加强/v 对/p［少数民族/n 地区/n 干部/n］的/u 培训/v。/。

例8中,定中短语"新/a 的/u 形势/n"和主谓短语"事业/n 发展/v 的/c 需要/n"形成联合结构,系统却将定中短语中心语"形势/n"与主谓短语的主语"事业/n"错误地识别为并列项。我们注意到,该例中同时出现了两个"的/u",并且,错误识别后形成的"a De np v De vN"结构不仅是较为常见的序列,还是一个歧义结构,可以划分为"a De［np v De vN］"和"[a De np] v De vN"两种形式。这种多重歧义因素叠加使得识别极易发生错误。

三是动宾结构和主谓结构并列,宾语和主语错误识别为 iMNP,例如:

例9 计算机/n 产业/n 是/vC 一/m 种/qN 省/v［能源/n］、/、省/v［资源/n］、/、附加/vN 价值/n］高/a、/、[知识/n 和/c 技术/n] 密集/a 的/u 产业/n,/, 对于/p 国民经济/n 的/u 发展/vN、/、国防/n 实力/n 和/c 社会/n 进步/vN 均/d 有/v 巨大/a 影响/vN。/。

其中,动宾结构"省/v 资源/n"和主谓结构"附加/vN 价值/n 高/a"形成相邻的并列项,使用顿号连接,系统错误地将作为 iMNP 的"资源/n"和"附加/vN 价值/n"合并为一个 iMNP。

3. "v n n"潜在歧义格式

该歧义格式在内层最长名词短语中的分布比例较表层最长名词

短语更高。作名词短语,常常被错误划分为"v[n n]"。包括两种情况,一种是组块单位,如"反/v[腐败/n 斗争/n]";一种是特殊句法位置上的临时组合,如"那/rN 已/d 被/p 丑化/v 的/u 读/v[书/n 姑娘/n]"。

4. "的"后主谓结构的干扰

"的"后名词短语一般作最长名词短语的中心语,但是在出现多个"的"的情况下,有可能只是某个主谓结构的主语,而非之前修饰语的中心语。

例10 他们/rN 很/dD 可能/vM 连/p 做梦/v 都/d 不/dN 会/vM 想/v 到/vB,/,[那/rN 个/qN 巨大/a 的/u 汉白玉/n] 凿成/v 的/u 坟冠/n,/,顽强/a 地/u 反射/v 着/u 太阳/n 的/u 光辉/n,/,只是/d 为了/v 将/p 他们/rN 吸引/v 到/vB 毁灭/v 的/u 深渊/n。/。

在这句话中,"那/rN 个/qN 巨大/a 的/u 汉白玉/n 凿成/v 的/u 坟冠/n"是 sMNP,第一个"的"后出现了主谓结构,对计算机而言,使得名词块"汉白玉/n"的归属发生了歧义,最终作出错误判断①。

5. 内部最长名词短语的特殊歧义序列造成的识别错误

正如识别难点中所分析的,这些歧义类型造成了很大的干扰。比如,当"名词性成分+动词性成分+De+中心语"存在潜在歧义,其中,名词性成分有时做其后结构的定语,有时做动词性成分的主语。这种潜在歧义造成了模型无法知道名词性成分什么时候应该识别为 iMNP,什么时候不应识别。当然,当该结构为上层 SMNP 时,无法考虑该序列的上下文特征,如左邻接词类特征、左邻接动词和中心语中心词的搭配特征也是一个原因。

不同类型的结构歧义有时还会叠加在一起,形成更加复杂的综合性歧义,造成识别错误。我们在之前的实例中已经看到这样的情

---

① 虽然该例的识别错误确实受到 De 后主谓结构的干扰。但该例本身是一个真歧义结构,从局部上下文来看,两种分析结果在语法和语义上都可以接受。因此,真正理解该例需要结合更多的上下文或世界知识。

况。这里再举一个例子,如在"中国/n 这样/rV 的/u 经济/n 和/c 文化/n 比较/aD 落后/v 的/u 国家/n"中,同时出现了"的"后主谓结构和并列结构的干扰。

第五节　基于规则的修正

内层最长名词短语总量只有表层最长名词短语的 1/6 左右,结构歧义和数据稀疏可能造成识别错误和漏识问题。我们采用规则的方法对识别结果进行修正。

一、内层结构与基本名词块

研究基本名词块实现为 iMNP 的条件,可以将基本名词块确认为 iMNP,同时也可以否决错误的 iMNP。我们把基本名词块确认为内层最长名词短语的过程称作基本名词块的提升。

内层最长名词短语与基本名词块的关系从两个方面进行考察。从实现关系看,80% 以上的内层最长名词短语可以由基本名词块直接实现,这一比例远大于表层最长名词短语。

从层次分布上看,基本名词块可以分布于内层最长名词短语各个层次,尤其是第一层和最内层。在例6中,第一层由两个 iMNP 与 baseNP 重合,第二层有三个 iMNP 与 BNP 重合。

例 11　当/p [[2 川/n] 上/f 有/vJY [2 水/n] 浇/v [2 地/n] 的/u 富/a 队/n] 来/v [1 粮站/n] 卖/v [1 粮/n] 的/u 时候/n

这使得基本名词块具备了提升为各个层次 iMNP 的可能,从而有可能改善各个层次上的识别错误和漏识问题。

二、基本名词块提升

(一) 提升规则

基本名词块是否可以提升为 iMNP 可通过一组条件来判断。这

一组条件由基本名词块的上下文信息组成,提升规则可以描述如下:
$$[\text{attrib\_loc\_val}]^+ \rightarrow \text{judgement}$$
规则的箭头前部分表示条件,箭头后部分表示如果基本名词块符合该条件,应该执行的动作或者判断。$[\ ]^+$ 表示该规则可以有多个条件。

在条件部分,attrib 表示属性,包括词形 word、词类 tag、词形词类 wordtag 三种类型;val 表示属性值;loc 表示上下文的相对于当前基本名词块的位置,值为 0 时表示 BNP 位置。在动作部分,judgement 表示应该执行的动作,值 MT 表示提升该基本名词块,值 MF 表示否决该基本名词块。比如,规则

$$\text{tag\_}-1\_\text{v tag\_1\_v} \rightarrow \text{MT}$$

表示当基本名词块前一个词和后一个词位置上均是动词时,将该基本名词块提升为 iMNP。

我们还可以通过基本名词块来否决错误识别的 iMNP。比如,规则

$$\text{tag\_}-1\_\text{、tag\_1\_c} \rightarrow \text{MF}$$

表示当 iMNP(多与基本名词块重合)前一个词是顿号,后一个词是连词时,否定该 iMNP。

规则的提升条件主要通过人工归纳可靠性较高,并且具有一定适用广度的词语和词性组合。如

$$\text{wordtag\_}-1\_\text{在/p wordtag\_1\_里边/f} \rightarrow \text{MT}$$

表示当基本名词块前一个词是介词"在",后一个词是后置词(方位词)"里边"时,将基本名词块提升为 iMNP。

(二) 结构化规则

内层最长名词短语多由表层含 De 最长名词短语所包含,结构化规则主要针对含 De 结构制定,前三组结构实现为 MNP 时,其中的 bnp_1 都可以提升为 iMNP。

(1) v bnp_1 De bnp_2;

(2) p bnp_1 De v;

(3) v bnp₁ De v;

(4) 当上层最长名词短语只包含一个 De,De 前只有一个动词或介词时,将 De 前至动词或介词的普通名词短语或基本名词短语提升为最长名词短语;

(5) 当上层最长名词短语只包含一个 De,De 前只有一个介词,而没有动词和形容词时,取消介词前基本名词块作最长名词短语的资格。

根据第一条规则,当上层结构的输入是"具有/v 内部/f 结构/n 的/u 粒子/n"时,则将基本名词块"内部/f 结构/n"提升为 iMNP。由于处于 sMNP 内部环境,"bnp₁ De bnp₂"形成 iMNP 的概率大大降低。但这条规则还是有风险的,因为"v np de np"构成了典型歧义结构,用更加确定的方法考虑 bnp₁ 和 bnp₂ 之间语义关系,这需要更多词汇语义知识的参与。

第二条和第三条规则较为直观,不再举例。

根据第四条规则,当上层结构的输入是"自己/rN 肩负/v 责任/n 的/u 重大/a"时,则将基本名词块"责任/n"提升为 iMNP。

根据第五条规则,当上层结构的输入是"我/rN 在/p 文学界/n 的/u 朋友/n",则取消"我/rN"作为 iMNP 的资格。

(三) 限制规则

尽管提升规则尽量设计可靠,但是仍然无法避免句法歧义等问题的影响。比如,当"[名词性成分+动词性成分+De+中心语]"结构位于宾语位置时,提升规则对于消解歧义显得力不从心,很容易将其中作修饰语的名词性成分提升为 iMNP。因此,我们增加了一些限制性规则,以减少提升规则的使用风险:

(1) 当 loc_-1 位置上的动词为一价动词,或者不具有带宾语的能力时,禁止使用提升规则;

(2) 在"[名词性成分+动词性成分+De+中心语]"结构中,当动词性成分为一价动词时,禁止使用提升规则;

(3) 在"[名词性成分+任意成分+De+中心语]"结构中,当"任意成分"中不出现动词时,禁止使用提升规则。

三、识别算法

基本名词块提升在多层级 iMNP 识别完成后进行,识别算法描述如下:

算法 6-1 基本名词块提升算法

输入:多层级 iMNP 识别结果,基本名词短语识别结果,提升规则库

输出:iMNP 最终识别结果

- 循环获取每一个句子
    - 顺序扫描句子中每一个基本名词短语和单词基本名词块 BNP_i①
        - 如果 BNP_i 与 MNP_j 不重合且不交叠
            - 在限制规则约束下,如果成功匹配提升规则
                - 将 BNP_i 提升为 iMNP
            - 如果成功匹配结构化规则
                - 将 BNP_i 提升为 iMNP
- 输出识别结果

四、实验结果及分析

实验采用标注了 iMNP 信息的 sample5,其中,表层最长名词短语经过正确标注。实验使用了 63 条提升规则,结果如下(表 6-4):

表 6-4 提升规则实验结果

Sam	LB_prc	LB_rec	LB_F1	RB_prc	RB_rec	RB_F1	ST_prc	ST_rec	ST_F1
1	89.32	83.88	86.51	90.27	84.77	87.43	82.54	77.51	79.94
2	89.82	84.85	87.27	89.21	84.28	86.68	83.65	79.02	81.27
3	88.15	81.63	84.76	90.70	83.99	87.22	82.96	76.83	79.78
4	90.24	83.84	86.92	91.95	85.42	88.57	85.04	79.00	81.91
5	89.84	83.53	86.57	90.81	84.44	87.51	84.66	78.70	81.57
ave	89.48	83.54	86.41	90.59	84.58	87.48	83.77	78.21	80.90

---

① 单词基本名词块的词类由 HeadPosSet 定义,参见第五章第二节中"基本名词短语识别"部分。

提升规则召回了部分漏识别的简单结构,使得召回率提高了约1.4%,整体识别效果也有所改善。但对错误识别的结构,特别是名词边界歧义,如"m qN n v De";名词短语与动词短语联合的结构,如"n、n v";动宾结构直接作定语,如"v n_1 n_2",还没有辨别能力。事实上,"v n_1 n_2"结构中,"v n_1"大多结合紧密,可以使用动宾搭配资源进行消歧,其中部分"v n_1 n_2"结构整体还是经过特殊编码的简单组块,接近于词汇单位,如"反/v 腐败/n 斗争/n",可以尝试采用词表的方式进行收录。

提升规则也导致了部分识别错误,造成了正确率有所下降。比如,限制规则仍然无法完全约束"名词性成分+动词性成分+De+中心语"结构中"名词性成分"作定语的条件,"我们/rN 敬爱/v 的/u 韦拔群/nP 同志/n"结构中包含二价动词,但是"我们/rN"仍然可以做定语①。此外,内层结构的语料中仍然存在少量错误,比如词性标注问题,给识别带来了不利影响。

通过内层最长名词短语识别实验,我们发现尽管 iMNP 长度小,但并不像我们想象的那样简单:对计算机而言,因缺乏语义理解的支持,其内部仍然存在大量歧义形式,线性层面多表现为名词边界歧义,并且由于内层结构数量较少,数据稀疏,统计机器学习模型难以充分发挥优势,这些因素共同导致了识别错误较多,效果不尽如人意。iMNP 的识别研究也印证了浅层句法分析的基本思想:在语言的底层存在较多的歧义,我们有必要进一步加强底层歧义的消解,以满足高层结构分析的需要。

利用上文分类器集成的 sMNP 实验结果,总体上,句法级最长名词短语的总体识别效果如下所示(表6-5):

---

① 除了代词可以直接作复杂结构的定语,语料中普通名词或名词短语直接作复杂结构定语的情况也存在。

表 6-5　SMNP 识别实验结果

Sam	ST_std	LB_prc	LB_rec	LB_F1	RB_prc	RB_rec	RB_F1	ST_prc	ST_rec	ST_F1
1	9744	95.52	93.19	94.34	96.44	94.02	95.21	89.69	87.43	88.55
2	9611	95.40	93.12	94.24	96.36	93.96	95.15	89.62	87.40	88.50
3	9282	95.62	93.44	94.52	96.53	94.20	95.35	89.85	87.68	88.75
4	9423	95.56	93.59	94.56	96.73	94.67	95.69	90.05	88.12	89.07
5	9554	95.71	93.16	94.42	96.70	94.00	95.33	90.01	87.50	88.74
ave	—	95.56	93.30	94.42	96.55	94.17	95.35	89.84	87.63	88.72

实验评价不区分内外层。由于表层最长名词短语和内层最长名词短语的分布特征具有一致性，识别错误的外层结构可能是正确的内层结构，识别错误的内层结构也有可能是正确的外层结构，两者相互补充，一定程度上也使得 SMNP 整体具有较高的识别正确率。

第七章
最长名词短语识别工作的反思与展望

第一节 研究工作的反思

本研究从最长名词短语的界定出发,系统地描写了汉语最长名词短语的结构、功能和线性特征,分析了其结构复杂性和识别难点问题,通过制定合理的识别策略、识别方法和挖掘有效的识别特征,对汉语最长名词短语进行了一次新的系统性分析实践,最终整体上取得了 89.84% 的识别正确率和 87.63% 的召回率,调和平均值为 88.72%。研究工作取得了一定的进展,也存在一些不足的地方与未决的问题。本节从定义、识别策略和识别方法三个方面进行反思。

1. 最长名词短语的定义

我们提出从句法位置的角度划分最长名词短语的全集,将句法级最长名词短语定义为"不被其他名词短语直接包含的名词短语",单纯从句法角度看是一致的、合理的,无论是对于表层 MNP 还是内层 MNP,都划定了句子中名词短语的最大范畴。但是,在识别研究过程中也发现,在内层最长名词短语中,某些定语位置的名词短语与最长名词短语有着非常类似的线性边界,比如,当 "NP_1 p NP_2 De VP" 结构中的 NP_1 作定语时,统计机器学习模型常常容易发生误识:

例1 侯锐/nP 很/dD 不/dN 情愿/vM 地/u 想起/v 了/u [刚

才/t]在/p[路口/s]的/u邂逅/vN。/。

句法分析的重要目标是进行语义分析。从句法语义的角度看，这些定语位置的名词短语充当了动词的题元角色，如"刚才/t"是"邂逅/vN"的时间，识别出这些成分对于语义分析非常有用。因此，尽管句法级最长名词短语增加了内层最长名词短语的内容，覆盖了更多的论元成分，但并没有能够覆盖动词所有的论元成分，而这些成分却常常具有与MNP相似的线性边界分布，容易发生识别错误，这是使用句法位置标准进行定义有所不足的地方。

在定义问题上，一些具体的理论问题没有得到解决，也对识别工作带来了一些困扰。比如，关于是否存在语气词"的"，由于语气词是附着于句子之上，而"的$_3$"则附着于短语之后，这关系到句法分析想得到一个什么样的句法树。尽管我们考虑了语气词的存在，但对于想将其作为"的"字短语处理的句法分析系统而言，这样的识别结果是无效的。因此，对于句法分析任务来说，这些理论问题需要形成一致的规范。

2. 最长名词短语的识别策略

句法级最长名词短语是多层级结构。在识别策略的选择上，有分层识别策略和不分层识别策略。两者有各自的优缺点。分层策略有利于直接使用统计机器学习模型获得短语的识别结果，但是有可能出现级联识别错误和数据稀疏的情况。不分层识别策略的数据较为充分，但在识别边界后需要对可能的短语边界进行配对排歧，容易发生配对错误。

根据最长名词短语的数量分布规律及其边界特征的显著程度，我们事实上采用了逐层分析的分层策略。这一策略抓住了问题的主要方面，能够使得数量较多的最长名词短语层次获得相对较好的识别效果，从整体上提高了句法级最长名词短语的分析质量和评价水平。但事情的另一面是，由这种方式划分出来的内层最长名词短语数量相对较少，特别是iMNP中第二层以上的最长名词短语，统计机器学习模型难以获得足够的数据进行训练，一定程度上影响了其识别效果。

我们认为,逐层识别的策略客观上是有效的整体性策略,主观上也模拟了人的识别过程。人们对于难以理解的长句成分一般先确定该成分边界,再分析其中的内容结构。内层最长名词短语的数据稀疏问题可以通过改进识别方法加以克服,如基于规则的句法分析的方法可能更适合分析长度较短的稀疏名词短语。

3. 最长名词短语的识别方法

(1) 基于基本名词短语归约的方法。

以扩展块为关照点,我们提出从模板的视角观察表层最长名词短语的思路和基于基本名词短语归约的表层最长名词短语识别方法。

整体上,这种归约方法是非常有效的。基于 baseNP 归约的方法扩展了模型观察窗口,缓解了长距离依赖问题。通过选用表达能力较强的条件随机场模型作为统计机器学习工具,sMNP 实验 F1 值达到 88.95%;对比实验也表明,归约方法是一种效果稳定的识别方法,使得表层最长名词短语识别 F 值提高了 0.6% 左右,其中多词结构识别的 F1 值提高了 1% 左右,优化幅度达 6%,而长度 $\geqslant 5$ 的 sMNP 的 F1 则提高了 1.4%。

基于基本名词短语归约的方法也存在不足之处,呈现出两种级联错误。一是基本名词短语归约带来了少量的特征损失。尽管我们抽取并保留了 baseNP 起始位置的指称性特征,但一些细致的边界特征仍然丢失了。这表明特征选择的工作还存在不足,还需要进一步挖掘有效特征。二是基本名词短语本身存在识别错误,这种错误会传导到最长名词短语识别。这一类错误难以完全消除,但可以通过提高基本名词短语的识别效果加以改善,比如,研究更好的最长名词短语识别方法,或者使用更大的 baseNP 训练语料。

(2) 基于语言知识评价的集成方法。

分类器集成是常用的组块识别策略,大多是使用基于投票的方法、基于概率分布的方法以及错误再学习等统计方法。我们提出一种基于语言知识评价的分类器集成方法,引入词汇搭配知识和结构化知识,针对长距离依赖、边界歧义和结构歧义等难点问题,集成了条件随机场和支持向量机的 sMNP 识别结果,实验 F1 值达到 89.46%,整体识别效果提高 0.5%左右,其中多词结构的识别效果提高 0.75%左右。

尽管在本研究的实验中对识别结果的改进较为有限,但基于语言知识评价的集成方法仍然被认为是一种有潜力的识别方法。这是因为由于缺乏大规模搭配知识库,实验仅采用了少量搭配知识参与语言知识评价,特别是动名搭配由算法自动获取,而未经人工干预。因此,进一步提高搭配知识库的规模和质量预期可以取得更好的识别结果。

除了搭配知识,基于语言知识评价的方法还构建了动词配价词典、双宾动词表、间接宾语中心词表、语义词典、关系词典、时间词典等多种知识资源,结合评价规则改善了相邻 sMNP(连续名词边界)的识别效果,而这一类 sMNP 由于边界特征不清晰,数据量也较少,是统计机器学习模型不太擅长的内容。

基于语言知识评价的集成系统考虑了所有分类器都发生错误的情况,引入确定性规则进行识别,从而在设计上较好地保证了系统的鲁棒性。

基于语言知识评价的不足之处是其评价规则部分作为触发识别的开关,较为依赖专家知识,如何尽可能多地获取高质量、覆盖率广的规则是需要进一步研究的问题。

(3) 基于条件随机场分层识别与基本名词块提升的方法。

我们采用基于条件随机场的分层识别与基本名词短语提升相结合的方法识别内层最长名词短语,取得了 83.77%的正确率和 78.21%的召回率。该方法有针对性地利用了内层最长名词短语的两个特点:一是具有多层级构造,并且明显倾向于分布在第一层结构;二是内部结构歧义较多,但结构长度小,80%以上的内层最长名词短语可以由基本名词块直接实现。

内层最长名词短语的这一识别效果并不令人十分满意。一方面是因为总体结构数量少,数据较为稀疏,统计机器学习模型无法发挥优势;另一方面,内层结构相对较多的名词边界歧义,不仅统计机器学习模型不擅长识别,基本名词块提升的方法没有能够大量有效地消解这些歧义,而是更多地消解了动词和介词边界歧义。因此,未来寻找新的方法识别内层最长名词短语,特别是消解其中稀疏的名词边界歧义是重要的研究课题。

第二节 进一步的研究计划

汉语最长名词短语是内部结构非常复杂的短语类型,其识别工作涉及诸多复杂的语言结构,还有很多工作需要在以后的研究中继续完善和发展。

1. 完善语言知识库,补充评价规则

基于语言知识评价的集成方法采用了自建的语言知识库。这些资源质量高低是基于语言知识评价方法的基础。多数资源经过人工审核,质量较高,但是动宾搭配和定中搭配仅仅采用了基于规则识别的部分,数量较少,覆盖率不足,并且未经人工审核,是影响 sMNP 识别效果优化的因素之一。此外,搭配知识库仅包含 5 种类型的搭配,类别较少。在实验分析中我们发现,一些其他类型的搭配,如形名搭配(定中式)、名形搭配(主谓式)、动形搭配(动补式)、动动搭配(联合式、连谓式、动补式、动宾式)、名名搭配(定中式)、名动搭配(主谓式)、量名搭配等,都是有价值的消歧资源。充分利用这些资源,识别效果有望得到进一步提升。

因此,建设大规模、多类别、高精度的搭配知识库,进一步完善其他类型的知识资源,并补充相应的评价规则,将它们应用于最长名词短语识别,是未来的工作方向之一。

2. 进一步发掘有效的识别特征

在基于归约的识别方法中,基本名词短语归约带来了一定的特征损失,一些结构在归约后丢弃了起始位置序列,却形成了典型的歧义结构。这种现象说明,在这些结构中,因归约而丢失的起始位置特征,很可能是必要的识别特征。对这些潜在的有效识别特征进行挖掘可以进一步完善归约方法。

例如,目前的起始位置特征仅仅挖掘了一些二元指称性特征,如"rN qN";如果进一步挖掘具有较好预测功能的多元特征,如"v dD a",可以减少"v[dD a n De n]"序列因归约带来的特征损失,从而提高识别效果。

3. 针对复杂结构和难点问题展开专门研究

最长名词短语包含内部倾向性不明显的成分与复杂结构,形成了线性表面的识别难点。根据统计分析和实验结果,我们观察到特征较为明显的结构包括联合结构、含多个 De 的名词短语、"NP VP NP De NP"歧义结构及其变式、无标记复杂名词短语、主谓谓语句、双宾结构、名词短语直接作状语等。其中,前两种均涉及名词边界歧义和动词边界歧义;第三种形成动词边界歧义;后四种形成名词边界歧义。这些结构均造成了较多的识别错误。

针对这些具有明显特征的结构进行专门研究,有望进一步提高最长名词短语的识别效果。比如,一般情况下,每个 MNP 最多含有一个 De,如果能对含有多个 De 的 MNP 实现先行捆绑,可以让模型专注于解决不含 De 与仅含一个 De 的 MNP 识别问题。

除了复杂结构,内层最长名词短语识别的另一个难点问题是数据稀疏。但其结构长度较小,能否采用基于短语结构文法的句法分析方法改进识别效果,也值得专门研究。

4. 深入探索复杂最长名词短语识别方法

动词性结构是复杂最长名词短语的主要构造元素,而包含动词性结构的复杂最长名词短语常常保留了底层形式中的谓词论元结构,按照生成语法的观点,复杂最长名词短语与句子构造存在论元结构的平行性。我们初步利用这种平行性所带来的启发,构造了基于基本名词短语归约的识别方法,主要采用了词类等句法层面的知识。按照这一思路推进,可以在基本块分析的基础上,利用这种平行性,从大规模语料中挖掘谓词论元结构的语义级知识,再将这种约束力较强的模板知识应用于复杂最长名词短语识别。

参 考 文 献

[1] Abney, S. The English Noun Phrase in its Sentential Aspect [D]. ph. D thesis, MIT, 1987.
[2] Abney, S. Syntactic Affixation and Performance Structures [A]. Views on Phrase Structure. 1990: 215 - 227.
[3] Abney, S. Chunks and Dependencies: Bringing Processing Evidence to Bear Onsyntax [A]. Computational Linguistics and the Foundations of Linguistic Theory, 1991a: 145 - 164.
[4] Abney, S. Parsing by Chunks [A]. Principle-Based Parsing: Computation and Psycholinguistics, 1991b: 257 - 278.
[5] Abney, S. Prosodic Structure, Performance Structure and Phrasestructure [A]. Proceedings of Speech and Natural Language Workshop, 1992: 425 - 428.
[6] Abney, S. Partial Parsing via Finite-statecascades [A]. Proceedings of the ESSLLI'96 Robust Parsing Workshop, 1996.
[7] Bai, X. M. , J. J. Li & D. I. Kim, et al. Identification of Maximal-length Noun Phrases Based on Expanded Chunks and Classified Punctuations in Chinese [A]. Proceedings of the 21st International Conference on the Computer Processing of Oriental Languages, 2006:268 - 276.
[8] Bever, T. The Cognitive Basis for Linguistic Structures [A]. Cognition and the Development of Language. NewYork: John Wiley & Sons, 1970.
[9] Bourigault, D. Surface Grammatical Analysis for the Extraction of Terminological Noun Phrases [A]. Proceedings of the 14th International Conference on Computational Linguistics, 1992: 977 - 981.
[10] Brill, E. Transformation-based Error Driven Learning and Natural Lan-

guage Processing: A Case Study in Part-of-speech Tagging [J]. Computational Linguistics, 1995, 21(4):543-566.

[11] Chase, W. G. & K. A. Ericsson. Skill and Working Memory [J]. The Psychology of Learning and Motivation, 1982, 16:1-58.

[12] Chen, K. H. & H. H. Chen. Extracting Noun Phrases from Large-scale Texts: A Hybrid Approach and Its Automatic Evaluation [A]. Proceedings of the 32nd Annual Meeting of Association of Computational Linguistics, 1994: 234-241.

[13] Chen, W. L. , Y. J. Zhang & H. Isahara. An Empirical Study of Chinese Chunking. Proceedings of the 44th Annual Meeting of ACL. Sydney, Australia, 2006:97-104.

[14] Church, K. W. A Stochastic Parts Program and Noun Phrase Parser for Unrestricted Text [A]. Proceedings of the 2nd Conference on Applied Natural Language Processing, 1988: 136-143.

[15] Church, K. W. & P. Hanks. Word Association Norms, Mutual Information and Lexicography [J]. Computational Linguistics, 1991 (1).

[16] Doi, T. & E. Sumita. Input Sentence Splitting and Translating [A]. Building and Using Parallel Texts Data Driven Machine Translation and Beyond. 2003: 104-110.

[17] Firth, J. R. A Synopsis of Linguistic Theory 1930 - 55 [J]. Studies in Linguistic Analysis, 1957:1-32.

[18] Gee, J. P. & Grosjean, F. Performance Structures: A Psycholinguistic and Linguistic Appraisal [J]. Cognitive Psychology, 1983, 15:411-458.

[19] Gobet, F. & H. A. Simon Templates in Chess Memory: A Mechanism for Recalling Several Boards [J]. Cognitive Psychology, 1996, 31: 1-40.

[20] Haiman, J. Iconic and Economic Motivation [J]. Language, 1983, 59(4): 781-819.

[21] Halliday, M. & Hasan, R. Cohesion in English [M]. London: Longman, 1976.

[22] Keizer, E. The English Noun Phrase [M]. Cambridge: Cambridge University Press, 2007.

[23] Koehn, P. & K. Knight. Feature-rich Statistical Translation of Noun

Phrases [A]. Proceedings of the 41st Annual Meeting of the Association for Computational Linguistics, 2003: 311 – 318.
[24] Kudo, T. &. Matsumoto Y. Chunking with Support Vector Machines [A]. Proceedings of Second Meeting of the North American Chapter of the Association for Computational Linguistics, 2001.
[25] Kurohashi, S. &. M. Nagao. A Syntactic Analysis Method of Long Japanese Sentences Based on the Dection of Conjunctive Structures [J]. Computational Linguistics, 1994, 20(4):507 – 534.
[26] Lafferty, J. , A. Mccallum &. F. Pereira. Conditional Random Fields: Probabilistic Models for Segmenting and Labeling Sequence Data [A]. Proceedings of 18th International Conference on Machine Learning, 2001.
[27] Langacker, R. Foundations of Cognitive Grammar, Volume II, Descriptive Application [M]. California: Stanford University Press, 1991.
[28] Longobardi, G. Reference and Proper Names: A Theory of N-movement in Syntax and Logical Form [A]. Linguistic Inquiry, 1994, 25(4): 609 – 665.
[29] Lyons, C. Definiteness [M]. Cambridge: Cambridge University Press, 1999.
[30] Miller, G. The Magical Number Seven, Plus or Minus Two: Some Limits on Our Capacity for Processing Information [J]. Psychological Review, 1956, 63: 81 – 97.
[31] Molina, A. &. Pla F. Shallow Parsing Using Specialized HMMs [J]. Journal of Machine Learning Research, 2002(2).
[32] Mönnink, I. D. On the Move: The Mobility of Constituents in the English Noun Phrase: A Multi-method Approach [M]. Amsterdam: Rodopi, 2000.
[33] Ramshaw, L. &. M. Marcus. Text Chunking Using Transformational-based Learning [A]. Proceedings of the Third Workshop on Very Large Corpora, 1995.
[34] Seilor, H. (ed.). Language Universals[C]. Tubingen: Gunter Narr Verlag, 1978.
[35] Seo, Y. A. , Y. H. Roh &. K. Y. Lee, et al. CaptionEye/EK: English-to-korean Caption Translation System Using the Sentence Pattern [A].

System Using the Sentence Pattern, 2001.

[36] Smadja, F. Retrieving Collocations from Text: Xtract [J]. Computational Linguistics, 1993, 19(1): 143-177.

[37] Tjong Kim Sang, E. F. Noun Phrase Recognition by System Combination [A]. Proceedings of the ANLP-NAACL, 2000a: 50-55.

[38] Tjong Kim Sang, E. F. , D. Walter& H. Déjean, et al. Applying System Combination to Base Noun Phrase Identification [A]. Proceedings of COL-ING 2000, 2000b: 857-863.

[39] Tse, A. S. Y. &. K. F. Wong, et al. Effectiveness Analysis of Linguistics and Corpus-based Noun Phrase Partial Parsers [A]. Proceedings of the Natural Language Processing Pacific Rim Symposium'95. Taljon: Academic Press, 1995: 252-257.

[40] Voutilainen, A. NPTool: A Detector of English Noun Phrases [A]. Proceedings of the Workshop on Very Large Corpora: Academic and Industrial Perspectives, 1993: 48-57.

[41] Yin, C. H. Identification of Maximal Noun Phrase in Chinese: Using the Head of Base Phrases [D]. POSTECH, Korea, 2005.

[42] Zhang, G. P. , W. Lang & Q. Zhou, et al. Identification of Maximal-length Noun Phrases Based on Maximal-length Preposition Phrases in Chinese [C]. Proceedings of the 2010 International Conference on Asian Language Processing, 2010: 65-68.

[43] Zhou, Q. , M. S. Sun &. C. N. Huang. Automatically Identify Chinese Maximal Noun Phrase [R], Technical Report 99001, State Key Lab. of Intelligent Technology and Systems, Dept. of Computer Science and Technology, Tsinghua University, 1998.

[44] 白妙青, 郑家恒. 动词与动词搭配方法的研究 [J]. 计算机工程与应用, 2004(27): 70-72.

[45] 曾通. 基于大规模语料的汉语搭配自动抽取研究 [D]. 南京:南京农业大学, 2015.

[46] 陈锋, 陈小荷. 基于树库的现代汉语短语分布考察 [J]. 语言科学, 2008 (1).

[47] 陈琼瓒. 修饰语和名词之间"的"字的研究 [J]. 中国语文, 1955(10):

22-27.

[48] 陈小荷. 动宾组合的自动获取与标注［A］//黄昌宁,董振东. 计算语言学文集. 北京：清华大学出版社,1999a.

[49] 陈小荷. 自动分词中未登录词问题的一揽子解决方案［J］. 语言文字应用,1999b(3)：103-109.

[50] 陈小荷. 现代汉语自动分析——VisualC++实现［M］. 北京：北京语言文化大学出版社,2000.

[51] 陈亿,周强,宇航. 分层次的汉语功能块描述库构建分析［J］. 中文信息学报,2008(3)：24-31.

[52] 程川. 基于柱搜索和神经网络的组块分析研究［D］. 南京：南京大学,2016.

[53] 代翠,周俏丽,蔡东风,等. 统计和规则相结合的汉语最长名词短语自动识别［J］. 中文信息学报,2008(6)：110-115.

[54] 代翠. 汉语最长名词短语的自动识别与分析［D］. 沈阳：沈阳航空工业学院,2009.

[55] 丁声树,等. 现代汉语语法讲话［M］. 北京：商务印书馆,1961.

[56] 董晓敏. N 的 V 功能类别质疑［J］. 九江师专学报(哲学社会科学版),1987(3)：28-33.

[57] 董秀芳. 汉语光杆名词指称特性的历时演变［J］. 语言研究,2010(1)：11-20.

[58] 范继淹. 形名组合间"的"字的语法作用［J］. 中国语文,1958(5)：213-217.

[59] 方芳. 基于语料库的数量名短语识别［D］. 南京：南京师范大学,2006.

[60] 方光焘. 语法论稿［M］. 南京：江苏教育出版社,1990.

[61] 冯冲,陈肇雄,黄河燕,等. 基于条件随机域的复杂最长名词短语识别［J］. 小型微型计算机系统,2006(6)：1134-1139.

[62] 冯志伟. 自然语言的计算机处理［M］. 上海：上海外语教育出版社,1996.

[63] 傅雨贤. "Vt+N"式偏正结构［A］//中国语文杂志社. 语法研究与探索(四),北京：北京大学出版社,1988.

[64] 高建忠. 汉语动宾搭配的自动识别研究［A］//黄昌宁,张普. 自然语言理解与机器翻译. 北京：清华大学出版社,2001：145-150.

［65］高名凯. 高名凯语言学论文集［M］. 北京：商务印书馆，1990.

［66］郭锐. 表述功能的转化和"的"字的作用［J］. 当代语言学，2000(1)：37-52.

［67］郭永辉，杨红卫，马芳，等. 基于粗糙集的基本名词短语识别［J］. 中文信息学报，2006(3)：14-21.

［68］郭志立，苑春法，黄昌宁. 用统计方法研究"的"字短语的结构和边界［A］//罗振声，袁毓林. 计算机时代的汉语和汉字研究. 北京：清华大学出版社，1996：174-183.

［69］侯敏. 计算语言学与汉语自动分析［M］. 北京：北京广播学院出版社，1999.

［70］胡乃全，朱巧明，周国栋. 混合的汉语基本名词短语识别方法［J］. 计算机工程，2009(20)：199-201.

［71］胡韧奋，肖航. 面向二语教学的汉语搭配知识库构建及其应用研究［J］. 语言文字应用，2019(1)：135-144.

［72］华灿. "及物动词+名词"的偏正词组［J］. 济宁师专学报，1983(2).

［73］黄伯荣，廖序东. 现代汉语(增订三版)下册［M］. 北京：高等教育出版社，1997.

［74］黄德根，王莹莹. 基于SVM的组块识别及其错误驱动学习方法［J］. 中文信息学报，2006(6)：17-24.

［75］黄国营. "的"字的句法、语义功能［J］. 语言研究，1982(1)：101-129.

［76］黄景欣. 读《说"的"》并论现代汉语语法研究的几个方法论问题［J］. 中国语文，1962(8-9)：361-373.

［77］季永兴. 谈《说"的"》［J］. 中国语文，1965(5)：363-364.

［78］鉴萍，宗成庆. 基于双向标注融合的汉语最长短语识别方法［J］. 智能系统学报，2009(5)：406-413.

［79］黎锦熙. 新著国语文法［M］(1924). 北京：商务印书馆，1998.

［80］李珩，谭咏梅，朱靖波，等. 汉语组块识别［J］. 东北大学学报，2004(2)：114-117.

［81］李晋霞. 现代汉语动词直接做定语研究［M］. 北京：商务印书馆，2008.

［82］李帅克，李英，李正华，等. 基于三元训练的跨领域依存句法分析［J］. 厦门大学学报(自然科学版)，2022(4)：638-645.

［83］李素建. 汉语组块计算的若干研究［D］. 北京：中国科学院计算技术研

所，2002.

[84] 李素建,刘群,杨志峰. 基于最大熵模型的组块分析[J]. 计算机学报,2003(12):1722-1727.

[85] 李文捷,周明,潘海华,等. 基于语料库的中文最长名词短语的自动提取[A]// 陈力为,袁琦. 计算语言学进展与应用. 北京:清华大学出版社,1995:119-124.

[86] 李先银. 定名组合的指称功能与汉语多项定语的顺序[J]. 语言与翻译,2016(1):11-18.

[87] 李宇明. 所谓的"名物化"现象新解[J]. 华中师范大学学报,1986(3):117-120.

[88] 廖先桃. CRF理论、工具包的使用及在NE上的应用[EB/OL]. https://www.docin.com/p-405270255.html.

[89] 林建方,牛成,李生,等. Web数据反馈的搭配抽取方法[J]. 哈尔滨工业大学学报,2010(2):281-285.

[90] 刘丹青. 汉语中的框式介词[J]. 当代语言学,2002(4):241-253.

[91] 刘丹青. 语序类型学与介词理论[M]. 北京:商务印书馆,2004.

[92] 刘丹青. 汉语关系从句标记类型初探[J]. 中国语文,2005(1).

[93] 刘丹青,唐正大. 名词性短语的类型学研究[M]. 北京:商务印书馆,2012.

[94] 刘芳,赵铁军,于浩,等. 基于统计的汉语组块分析[J]. 中文信息学报,2000(6):28-32,39.

[95] 刘公望. 关于语气助词"的".[J] 青海民族学院学报,1982(1):90-92.

[96] 刘顺. "对"字短语作定语的歧义问题[J]. 汉语学习,1998(6):20-21.

[97] 陆丙甫. "的"的基本功能和派生功能:从描写性到区别性再到指称性[J]. 世界汉语教学,2003(1):14-29.

[98] 陆丙甫. 语序优势的认知解释(上):论可别度对语序的普遍影响[J]. 当代语言学,2005a(1):1-15,93.

[99] 陆丙甫. 语序优势的认知解释(下):论可别度对语序的普遍影响[J]. 当代语言学,2005b(2):132-138.

[100] 罗雪兵. 汉语组块识别的研究[D]. 大连:大连理工大学,2007.

[101] 吕叔湘. 现代汉语单双音节问题初探[J]. 中国语文,1963(1).

[102] 吕叔湘. 中国文法要略[M]. 北京:商务印书馆,1982.

[103] 吕学强,陈文亮,姚天顺.基于连接文法的双语 E-Chunk 获取方法[J].东北大学学报(自然科学版),2002(9):829-832.

[104] 马金山.最长名词短语识别[EB/OL].http://202.118.250.16/phpwebsite/index.php?module=documents&JAS_DocumentManager_op=viewDocument&JAS_Document_id=84.2004.

[105] 马艳军,刘颖.基于隐马尔可夫模型和候选排序的汉语基本名词短语识别[A]//孙茂松,陈群秀.自然语言理解和大规模内容计算.北京:清华大学出版社,2005:95-100.

[106] 孟迎,冯丽辉,赵铁军.基于决策树的汉语基本名词短语识别[J].黑龙江工程学院学报,2004(2):1-4.

[107] 年洪东.汉语基本名词短语识别与语法信息获取的互动研究[D].南京:南京师范大学,2009.

[108] 齐沪扬,等.与名词动词相关的短语研究[M].北京:北京语言大学出版社,2004.

[109] 钱小飞.含"的"最长名词短语的自动识别[D].南京:南京师范大学,2007.

[110] 钱小飞,陈小荷.含"的"字偏正结构的最长名词短语的自动识别[A]//孙茂松,陈群秀.内容计算的研究与应用前沿——第九届全国计算语言学学术会议论文集.北京:清华大学出版社,2007:105-110.

[111] 钱小飞.以"的"字结构为核心的最长名词短语识别研究[J].计算机工程与应用,2010(18):138-141.

[112] 钱小飞,侯敏.基于混合策略的汉语最长名词短语识别[J].中文信息学报,2013(6):16-22.

[113] 钱小飞,侯敏.基于归约的汉语最长名词短语识别方法[J].中文信息学报,2015(2):40-48.

[114] 钱小飞,侯敏.汉语最长名词短语的结构复杂性研究[J].语料库语言学,2017a(1):20-30,100.

[115] 钱小飞,侯敏.面向信息处理的汉语最长名词短语界定研究[J].语言文字应用,2017b(2):127-134.

[116] 钱小飞.汉语内层最长名词短语的识别研究[J].浙江外国语学院学报,2019(6):59-67.

[117] 秦颖,王小捷,钟义信.级联中文组块识别[J].北京邮电大学学报,

2008(1):14-17.

[118] 曲维光,陈小荷,吉根林.基于框架的词语搭配自动抽取方法[J].计算机工程,2004(23):22-24,195.

[119] 邵敬敏.双音节V+N结构的配价分析[A]//沈阳,郑定欧.现代汉语配价语法研究.北京:北京大学出版社,1995.

[120] 沈家煊.转指和转喻[J].当代语言学,1999(1):3-15.

[121] 沈家煊,王冬梅."N的V"和"参照体-目标"构式[J].世界汉语教学,2000(4):25-32.

[122] 沈阳.领属范畴及领属性名词短语的句法作用[J].北京大学学报,1995(5):85-92.

[123] 石定栩.复合词和短语的句法地位——从谓词性定中结构说起[A]//中国语文杂志社.语法研究与探索(十一).北京:商务印书馆,2002.

[124] 石毓智,李讷.汉语发展史上结构助词的兴替:论"的"的语法化历程[J].中国社会科学,1998(6):165-180.

[125] 石毓智.论"的"的语法功能的同一性[J].世界汉语教学,2000(1):16-26.

[126] 史锡尧.名词短语[M].北京:人民教育出版社,1990.

[127] 舒鑫柱,杨尔弘.基于HOWNET的汉语组块分析[J].河南职技师院学报,2001(4):59-61.

[128] 司富珍.汉语的标句词"的"及相关的句法问题[J].语言教学与研究,2002(2):35-40.

[129] 司富珍.中心语理论和汉语的DeP[J].当代语言学,2004(1):26-34.

[130] 宋玉柱.关于时间助词"的"和"来着"[J].中国语文,1981(4):271-275.

[131] 孙广路.基于统计学习的中文组块分析技术研究[D].哈尔滨:哈尔滨工业大学,2008.

[132] 孙宏林,俞士汶.浅层句法分析方法概述[J].当代语言学,2000(2).

[133] 孙宏林.现代汉语非受限文本的实语块分析[D].北京:北京大学,2001.

[134] 孙茂松,黄昌宁,方捷.汉语搭配定量分析初探[J].中国语文,1997(1):29-38.

[135] 谭咏璇,孔芳,倪吉,等.基于混合统计模型的中文基本名词短语识别

[J]. 计算机应用与软件, 2011(8): 254-256.

[136] 谭咏梅. 基于机器学习的汉语浅层分析研究[D]. 沈阳: 东北大学, 2005.

[137] 谭咏梅, 王小捷, 周延泉, 等. 使用SVMs进行汉语浅层分析[J]. 北京邮电大学学报, 2008(1): 5-8, 13.

[138] 谭咏梅, 姚天顺, 陈晴, 等. 基于SVM+Sigmoid的汉语组块识别[J]. 计算机科学, 2004(8): 142-146.

[139] 王大亮, 张德政, 涂序彦, 等. 基于相对条件熵的搭配抽取方法[J]. 北京邮电大学学报, 2007(6): 40-45.

[140] 王冬梅. "N的V"结构中V的性质[J]. 语言教学与研究, 2002(4): 55-64.

[141] 王广成. 汉语无定名词短语的语义和句法[M]. 北京: 北京大学出版社, 2013.

[142] 王珏. 现代汉语名词研究[M]. 上海: 华东师范大学出版社, 2001.

[143] 王素格, 由丽萍, 刘开瑛. 动词与动词搭配自动获取方法[A]// Advances in Computation of Oriental Languages. Proceedings of the 20th International Conference on Computer Processing of Oriental Languages, 2003: 196-202.

[144] 王霞. 汉语动宾搭配自动识别研究[J]. 语言文字应用, 2005(2): 137-143.

[145] 王月颖. 中文最长名词短语识别研究[D]. 哈尔滨: 哈尔滨工业大学, 2007.

[146] 吴云芳, 段慧明, 俞士汶. "是"字句主语和宾语的自动界定[J]. 中文信息学报, 2002(2): 40-46.

[147] 吴云芳, 王淼, 金彭, 等. 多分类器集成的汉语词义消歧研究[J]. 计算机研究与发展, 2008(8): 1354-1361.

[148] 奚晨海, 孙茂松. 基于神经元网络的汉语短语边界识别[J]. 中文信息学报, 2002(2): 20-26.

[149] 向晓雯. 基于条件随机场的中文命名实体识别[D]. 厦门: 厦门大学, 2006.

[150] 邢福义. 动词作定语要带"的"字[J]. 中国语文, 1957(8).

[151] 熊建国. 英汉名词短语最简方案研究[M]. 上海: 上海交通大学出版社,

2008.

[152] 熊仲儒. 零成分与汉语"名物化"问题[J]. 现代外语,2001(3):229-236,228.

[153] 熊仲儒. 以人称代词为核心的 DP 结构[J]. 暨南大学华文学院学报,2005(1):37-45.

[154] 徐昉,宗成庆. 中文 BaseNP 识别:错误驱动的组合分类器方法[J]. 中文信息学报,2007(1).

[155] 徐润华,陈小荷. 极大规模词语搭配库的建造和构成分析[J]. 南京师范大学文学院学报,2011(3):56-61.

[156] 徐艳华. 基于语料库的基本名词短语研究[J]. 语言文字应用,2008(1期).

[157] 言一兵. 区分"的"的同音语素问题:兼评朱德熙先生的《说"的"》[J]. 中国语文,1965(4):253-263.

[158] 杨军玲,王素格. 基于改进互信息的动名搭配自动获取方法[J]. 山西大学学报(自然科学版),2006(1):19-21.

[159] 杨智超. 基于深度学习的组块分析系统的设计与实现[D]. 武汉:华中科技大学,2019.

[160] 姚振武. 现代汉语的"N 的 V"与上古汉语的"N 之 V"[J]. 语文研究,1995(2):3-9,26-29.

[161] 由丽萍. 动词与动词搭配自动获取方法研究[D]. 上海:上海师范大学,2003.

[162] 于静. 汉语句子的组块识别研究[D]. 大连:大连理工大学,2008.

[163] 俞士汶. 计算语言学概论[M]. 北京:商务印书馆,2003.

[164] 俞士汶,段慧明,朱学锋,等. 北京大学现代汉语语料库基本加工规范[J]. 中文信息学报,2003(5):49-65.

[165] 袁毓林. 句法空位和成分提取[J]. 汉语学习,1994(3):2-10.

[166] 袁毓林. 谓词隐含及其句法后果[J]. 中国语文,1995(4):241-255.

[167] 袁毓林. 定语顺序的认知解释及其理论蕴涵[J]. 中国社会科学,1999(2):185-201.

[168] 詹卫东. "NP+的+VP"偏正结构在组句谋篇中的特点[J]. 语文研究. 1998a(1):16-23.

[169] 詹卫东. 关于"NP+的+VP"偏正结构[J]. 汉语学习,1998b(2):

24-28.

[170] 詹卫东. 面向中文信息处理的现代汉语短语结构规则研究[D]. 北京:北京大学,1999a.

[171] 詹卫东,常宝宝,俞士汶. 汉语短语结构定界歧义类型分析及分布统计[J]. 中文信息学报,1999b(3):9-17.

[172] 张伯江. "N 的 V"结构的构成[J]. 中国语文,1993(4):252-259.

[173] 张国宪. "动+名"结构中单双音节动作动词功能差异初探[J]. 中国语文,1989(3).

[174] 张国宪. "V 双+N 双"短语的理解因素[J]. 中国语文,1997(3).

[175] 张国煊,郁梅,王小华. 基于语料库的汉语短语边界划分的研究[A]//陈力为,袁琦. 计算语言学进展与应用. 北京:清华大学出版社,1995:94-99.

[176] 张敏. 认知语言学与汉语名词短语[M]. 北京:中国社会科学出版社,1998.

[177] 张瑞霞,张蕾. 基于知识图的汉语基本名词短语分析模型[J]. 中文信息学报,2004(3):47-53.

[178] 张学强,蔡东风,叶娜,等. 基于最长名词短语分治策略的神经机器翻译[J]. 中文信息学报,2018,32(3):42-48,63.

[179] 张昱琪,周强. 汉语基本短语的自动识别[J]. 中文信息学报,2002(6):1-8.

[180] 赵军. 汉语基本名词短语识别及结构分析研究[D]. 北京:清华大学,1998.

[181] 赵军,黄昌宁. 基于复杂特征的 VN 结构模板获取模型[J]. 软件学报,1999a(1):93-100.

[182] 赵军,黄昌宁. 基于转换的汉语基本名词短语识别模型[J]. 中文信息学报,1999b(2):1-7.

[183] 赵军,黄昌宁. 汉语基本名词短语结构分析模型[J]. 计算机学报,1999c(2):141-146.

[184] 周国光. 关于现代汉语句法结构系统的理论思考[J]. 华南师范大学学报,2006(2).

[185] 周国光. "NP+的+VP"结构和相关难题的破解[J]. 汉语学报,2007(3).

[186] 周强. 汉语树库构建——使用手册[R/CD]. 清华大学计算机系智能技术

与系统国家重点实验室.

[187] 周强. 汉语语料库的短语自动划分和标注研究[D]. 北京：北京大学，1996.

[188] 周强. 汉语短语的自动划分和标注[J]. 中文信息学报，1997(1)：1-9.

[189] 周强. 汉语基本短语的标注规范[R]. 清华大学计算机系智能技术与系统国家重点实验室，2001.

[190] 周强. 汉语句法树库标注体系[J]. 中文信息学报，2004(4)：1-7.

[191] 周强. 汉语基本块描述体系[J]. 中文信息学报，2007(3)：21-27.

[192] 周强，孙茂松，黄昌宁. 汉语句子的组块分析体系[J]. 计算机学报，1999(11)：1158-1165.

[193] 周强，孙茂松，黄昌宁. 汉语最长名词短语的自动识别[J]. 软件学报，2000(2)：195-201.

[194] 周强，俞士汶. 汉语短语标注标记集的确定[J]. 中文信息学报，1996(4)：1-11.

[195] 周强，詹卫东，任海波. 构建大规模的汉语语块库[A]∥黄昌宁，张普. 自然语言理解与机器翻译. 北京：清华大学出版社，2001.

[196] 周强，赵颖泽. 汉语功能块自动分析[J]. 中文信息学报，2007(5)：18-24.

[197] 周俏丽，刘新，郎文静，等. 基于分治策略的组块分析[J]. 中文信息学报，2012(5)：120-128.

[198] 周雅倩，郭以昆，黄萱菁，等. 基于最大熵方法的中英文基本名词短语识别[J]. 计算机研究与发展，2003(3)：440-446.

[199] 朱德熙. 说"的"[J]. 中国语文，1961a(12)：1-15.

[200] 朱德熙. 关于动词形容词"名物化"的问题[J]. 北京大学学报，1961b(4)：51-64.

[201] 朱德熙. 关于《说"的"》[J]. 中国语文，1966(1)：37-46.

[202] 朱德熙. "的"字短语和判断句[J]. 中国语文. 1978(1-2)：23-27，104-109.

[203] 朱德熙. 语法讲义[M]. 北京：商务印书馆，1982：14.

[204] 朱德熙. 自指和转指：汉语名词化标记"的、者、所、之"的语法功能和语义功能[J]. 方言，1983(1)：16-31.

[205] 朱德熙. 语法答问[M]. 北京：商务印书馆，1985.

附 录

附录1 清华汉语树库(TCT)词类标记集[1]

标记代码	标记说明	帮助记忆的诠释
a	形容词	取英文形容词 adjective 的首字母
aD	副形词	形容词代码 a + 状语代码 D,表示该形容词直接作状语
b	区别词	取汉字"别"的声母
c	连词	取英文连词 conjunction 的首字母
d	副词	取英文 adverb 的第 2 个字母
dB	否定前副词	副词代码 d + 英文 before 的首字母
dD	程度副词	副词代码 d + 汉字"度"的声母
dN	否定副词	副词代码 d + 英文 negative 的首字母
e	叹词	取英文 exclamation 的首字母
f	方位词	取汉字"方"的声母
g	汉字	
h	前缀	取英文 head 的首字母
i	成语	取英文 idiom 的首字母
iV	谓词性成语	
iD	副词性成语	
iN	名词性成语	
k	后缀	
l	连接语	取汉字"连"的声母
m	数词	取英文 numberal 的第 3 个字母
n	名词	取英文 noun 的首字母
nP	指人专名	名词代码 n + 英文 person 的首字母
nS	地点专名	名词代码 n + 英文 space 的首字母
nO	组织机构名	名词代码 n + 英文 organization 的首字母

[1] 附录1、附录2和附录3引自清华汉语树库技术资料《汉语树库构建——使用手册》。

(续表)

标记代码	标记说明	帮助记忆的诠释
nR	其他专名	名词代码 n + 英文 rest 的首字母
o	象声词	取英文 onomatopoeia 的首字母
p	介词	取英文 prepositional 的首字母
q	量词	取英文 quantity 的首字母
qN	名量词	量词代码 r + 名词代码
qV	动量词	量词代码 r + 动词代码
qT	时量词	量词代码 r + 时间词代码
qC	复合量词	量词代码 r + 英文 combine 的首字母
r	代词	取英文 pronoun 的第 2 个字母
rN	名代词	代词代码 r + 名词代码
rT	时间代词	代词代码 r + 时间词代码
rS	处所代词	代词代码 r + 处所词代码
rV	谓词性代词	代词代码 r + 动词代码
rB	区别词性代词	代词代码 r + 区别词代码
rD	副词性代词	代词代码 r + 副词代码
s	处所词	取英文 space 的首字母
t	时间词	取英文 time 的首字母
u	助词	取英文 auxiliary 的第 2 个字母
v	动词	取英文 verb 的首字母
vC	系动词	动词代码 v + 英文 copular 的首字母
vM	助动词	动词代码 v + 英文 modality 的首字母
vN	名动词	动词代码 v + 名词代码 N
vB	补助动词	动词代码 v + 汉字"补"的声母,表示该动词直接作补语
vSB	双宾动词	动词代码 v + "双宾"的汉语拼音的首字母,表示该动词带双宾语
vJY	兼语动词	动词代码 v + "兼语"的汉语拼音的首字母,表示该动词带兼语宾语
x	任意字符串	
y	语气词	取汉字"语"的声母
z	状态词	取汉字"状"的拼音的首字母
(,。等	标点符号	每个标点自成一类

附录 2　清华汉语树库(TCT)句法功能标记集

标记代码	功能标记说明	帮助记忆的诠释
np	名词短语	英文 noun phrase 的首字母
sp	处所短语	英文 space phrase 的首字母
tp	时间短语	英文 time phrase 的首字母
vp	动词短语	英文 verb phrase 的首字母
ap	形容词短语	英文 adjective phrase 的首字母
bp	区别词短语	取汉字"别"的声母 + 英文 phrase 的首字母
dp	副词短语	英文 adverb 的第 2 个字母 + 英文 phrase 的首字母
pp	介词短语	英文 preposition phrase 的首字母
mbar	数词准短语	
mp	数量短语	
dj	单句句型	取汉语词"单句"的声母
fj	复句句型	取汉语词"复句"的声母
zj	整句	取汉语词"整句"的声母
jq	句群	取汉语词"句群"的声母
yj	直接引语	取汉语词"引句"的声母
dlc	独立成分	取汉语词"独立"的声母 + 英文 constituent 的首字母

附录 3　清华汉语树库(TCT)句法结构标记集

标记代码	结构标记说明	帮助记忆的诠释
ZW	主谓结构	取汉语词"主谓"的声母
PO	述宾结构	取英文 predicate + object 的首字母
SB	述补结构	取汉语词"述补"的声母
DZ	定中结构	取汉语词"定中"的声母
ZZ	状中结构	取汉语词"状中"的声母
LH	联合结构	取汉语词"联合"的声母
LW	连谓结构	取汉语词"连谓"的声母
AD	附加结构	取英文 addition 的前两个字母

(续表)

标记代码	结构标记说明	帮助记忆的诠释
CD	重叠结构	取汉语词"重叠"的声母
JY	兼语结构	取汉语词"兼语"的声母
FW	方位结构	取汉语词"方位"的声母
JB	介宾结构	取汉语词"介宾"的声母
KS	框式结构	取汉语词"框式"的声母
SX	顺序结构	取汉语词"顺序"的声母
BH	标号结构	取汉语词"标号"的声母
BL	并列关系	取汉语词"并列"的声母
LG	连贯关系	取汉语词"连贯"的声母
DJ	递进关系	取汉语词"递进"的声母
XZ	选择关系	取汉语词"选择"的声母
YG	因果关系	取汉语词"因果"的声母
MD	目的关系	取汉语词"目的"的声母
JS	假设关系	取汉语词"假设"的声母
TJ	条件关系	取汉语词"条件"的声母
ZE	转折关系	取汉字"转"的声母+汉字"折"的韵母
JZ	解注复句	取汉语词"解注"的声母
LS	流水复句	取汉语词"流水"的声母
CY	插入语	取汉字"插"的声母+汉字"语"的声母
HD	呼语或应答语	取汉字"呼"的声母+汉字"答"的声母
BC	补充说明	取汉语词"补充"的声母
FZ	复指成分	取汉语词"复指"的声母
QD	强调成分	取汉语词"强调"的声母
XH	序号信息	取汉语词"序号"的声母
XX	缺省结构	

附录 4 CRF 特征模板

template_baseNP

Unigram
U010:%x[-3,0]
U020:%x[-2,0]
U030:%x[-1,0]
U040:%x[0,0]
U050:%x[1,0]
U060:%x[2,0]
U070:%x[3,0]
U080:%x[-2,0]/%x[-1,0]
U090:%x[-1,0]/%x[0,0]
U100:%x[0,0]/%x[1,0]
U105:%x[1,0]/%x[2,0]
U110:%x[-3,1]
U120:%x[-2,1]
U130:%x[-1,1]
U140:%x[0,1]
U150:%x[1,1]
U190:%x[2,1]
U200:%x[3,1]
U260:%x[-2,1]/%x[-1,1]
U270:%x[-1,1]/%x[0,1]
U280:%x[0,1]/%x[1,1]
U285:%x[1,1]/%x[2,1]
U290:%x[-1,1]/%x[1,1]
U300:%x[-3,1]/%x[-2,1]/%x[-1,1]
U310:%x[-2,1]/%x[-1,1]/%x[0,1]
U320:%x[-1,1]/%x[0,1]/%x[1,1]
U330:%x[0,1]/%x[1,1]/%x[2,1]
U340:%x[1,1]/%x[2,1]/%x[3,1]
U350:%x[-1,1]/%x[0,0]
U360:%x[-1,0]/%x[0,1]
U370:%x[0,1]/%x[1,0]
U380:%x[0,0]/%x[1,1]
U400:%x[-2,2]/%x[-1,2]/%x[0,2]
U410:%x[-1,2]/%x[0,2]/%x[1,2]
U420:%x[0,2]/%x[1,2]/%x[2,2]
U430:%x[0,0]/%x[0,1]/%x[0,2]
U440:%x[-1,3]/%x[0,3]
U460:%x[0,3]/%x[1,3]

Bigram
B

template_sMNP

Unigram
U010:%x[-3,0]
U020:%x[-2,0]
U030:%x[-1,0]
U040:%x[0,0]
U050:%x[1,0]
U060:%x[2,0]
U070:%x[3,0]
U080:%x[-2,0]/%x[-1,0]
U090:%x[-1,0]/%x[0,0]
U100:%x[0,0]/%x[1,0]
U105:%x[1,0]/%x[2,0]
U110:%x[-3,1]
U120:%x[-2,1]

U130:%x[-1,1]
U140:%x[0,1]
U150:%x[1,1]
U190:%x[2,1]
U200:%x[3,1]
U260:%x[-2,1]/%x[-1,1]
U270:%x[-1,1]/%x[0,1]
U280:%x[0,1]/%x[1,1]
U285:%x[1,1]/%x[2,1]
U290:%x[-1,1]/%x[1,1]
U300:%x[-3,1]/%x[-2,1]/%x[-1,1]
U310:%x[-2,1]/%x[-1,1]/%x[0,1]
U320:%x[-1,1]/%x[0,1]/%x[1,1]
U330:%x[0,1]/%x[1,1]/%x[2,1]

U340:%x[1,1]/%x[2,1]/%x[3,1]
U350:%x[-1,1]/%x[0,0]
U360:%x[-1,0]/%x[0,1]
U400:%x[-2,2]/%x[-1,2]/%x[0,2]
U410:%x[-1,2]/%x[0,2]/%x[1,2]
U420:%x[0,2]/%x[1,2]/%x[2,2]
U430:%x[0,0]/%x[0,1]/%x[0,2]
U440:%x[-1,3]/%x[0,3]
U460:%x[0,3]/%x[1,3]
U470:%x[-1,3]/%x[0,3]/%x[1,3]

Bigram
B

template_reduce_sMNP

Unigram
U010:%x[-3,0]
U020:%x[-2,0]
U030:%x[-1,0]
U040:%x[0,0]
U050:%x[1,0]
U060:%x[2,0]
U070:%x[3,0]
U080:%x[-2,0]/%x[-1,0]
U090:%x[-1,0]/%x[0,0]
U100:%x[0,0]/%x[1,0]
U105:%x[1,0]/%x[2,0]
U110:%x[-3,1]
U120:%x[-2,1]
U130:%x[-1,1]
U140:%x[0,1]
U150:%x[1,1]

U190:%x[2,1]
U200:%x[3,1]
U260:%x[-2,1]/%x[-1,1]
U270:%x[-1,1]/%x[0,1]
U280:%x[0,1]/%x[1,1]
U285:%x[1,1]/%x[2,1]
U290:%x[-1,1]/%x[1,1]
U300:%x[-3,1]/%x[-2,1]/%x[-1,1]
U310:%x[-2,1]/%x[-1,1]/%x[0,1]
U320:%x[-1,1]/%x[0,1]/%x[1,1]
U330:%x[0,1]/%x[1,1]/%x[2,1]
U340:%x[1,1]/%x[2,1]/%x[3,1]
U350:%x[-1,1]/%x[0,0]
U360:%x[-1,0]/%x[0,1]
U380:%x[-1,1]/%x[0,2]/%x[1,1]
U400:%x[-2,5]/%x[-1,5]/%x[0,5]
U410:%x[-1,5]/%x[0,5]/%x[1,5]

U420:%x[0,5]/%x[1,5]/%x[2,5]
U430:%x[0,0]/%x[0,1]/%x[0,5]
U440:%x[-1,6]/%x[0,6]
U450:%x[0,6]/%x[1,6]
U460:%x[-1,6]/%x[0,6]/%x[1,6]

U470:%x[0,4]
U480:%x[-1,1]/%x[0,4]

Bigram
B

template_iMNP

Unigram
U020:%x[-2,0]
U030:%x[-1,0]
U040:%x[0,0]
U050:%x[1,0]
U060:%x[2,0]
U080:%x[-2,0]/%x[-1,0]
U090:%x[-1,0]/%x[0,0]
U100:%x[0,0]/%x[1,0]
U105:%x[1,0]/%x[2,0]
U120:%x[-2,1]
U130:%x[-1,1]
U140:%x[0,1]
U150:%x[1,1]
U190:%x[2,1]

U260:%x[-2,1]/%x[-1,1]
U270:%x[-1,1]/%x[0,1]
U280:%x[0,1]/%x[1,1]
U285:%x[1,1]/%x[2,1]
U290:%x[-1,1]/%x[1,1]
U310:%x[-2,1]/%x[-1,1]/%x[0,1]
U320:%x[-1,1]/%x[0,1]/%x[1,1]
U330:%x[0,1]/%x[1,1]/%x[2,1]
U350:%x[-1,1]/%x[0,0]
U360:%x[-1,0]/%x[0,1]
U370:%x[0,1]/%x[1,0]
U380:%x[0,0]/%x[1,1]

Bigram
B

附录5 动词配价词典示例

动词	配价	动词	配价	动词	配价
闭卷	1	摆起	2	白送	3
便民化	1	遍访	2	拨给	3
出家	1	捕获	2	称	3
打雷	1	缠住	2	称呼	3
兜圈子	1	称霸	2	赐予	3
发音	1	吹响	2	递	3

(续表)

动词	配价	动词	配价	动词	配价
缝包	1	蹩	2	递给	3
公转	1	带到	2	叮嘱	3
合拍	1	飞渡	2	发	3
计件	1	高估	2	发给	3
教条化	1	合演	2	付	3
节食	1	环行	2	付给	3
就座	1	环游	2	给	3
离京	1	祭	2	给予	3
离校	1	拘禁	2	还	3
漏网	1	看护	2	还给	3
拍马屁	1	悬望	2	寄	3
配舞	1	宽恕	2	奖励	3
偏食	1	猎取	2	交给	3
齐肩	1	聘选	2	教	3
容身	1	欺负	2	留给	3
杀青	1	奇袭	2	卖	3
烧窑	1	砌起	2	拿给	3
失调	1	迁进	2	赔	3
受罚	1	切削	2	赔偿	3
谈天	1	烧光	2	欠	3
晤谈	1	始于	2	请教	3
现身	1	收归	2	让	3
相仿	1	疏解	2	输给	3
泄劲	1	坦露	2	送	3
装船	1	拖累	2	送给	3

附录6 基本名词短语提升规则

[1] tag_-1_v tag_1_v --> MT
[2] tag_-1_v tag_1_vC --> MT
[3] tag_-1_vC tag_1_vM --> MT
[4] tag_-1_vC tag_1_v --> MT
[5] tag_-1_vC tag_1_vC --> MT
[6] tag_-1_p tag_1_v --> MT
[7] tag_-1_p tag_1_vC --> MT
[8] tag_-1_, tag_1_vC --> MT
[9] tag_-1_。 tag_1_v --> MT
[10] tag_-1_" wordtag_1_自/p --> MT
[11] tag_-100_Begin tag_1_v --> MT
[12] tag_-100_Begin tag_1_vC --> MT
[13] tag_-100_Begin tag_1_vM --> MT
[14] tag_-1_、 tag_1_, --> MF
[15] tag_-1_、 tag_1_。 --> MF
[16] tag_-1_、 tag_1_、 --> MF
[17] tag_-1_、 tag_1_c --> MF
[18] tag_-2_v tag_-1_, tag_1_v --> MT
[19] tag_-2_v wordtag_-1_而/c tag_1_v --> MT
[20] tag_-1_v tag_1_iV --> MT
[21] tag_-1_vC tag_1_iV --> MT
[22] tag_-1_d tag_1_v --> MT
[23] tag_-1_vC tag_1_。 --> MT
[24] tag_-1_v tag_1_d tag_2_。 --> MT
[25] tag_-1_v tag_1_d tag_2_v --> MT
[26] tag_-1_v tag_1_dD tag_2_v --> MT
[27] tag_-1_" tag_1_d tag_2_v --> MT
[28] tag_-1_, tag_1_rD tag_2_v --> MT
[29] tag_-1_vC tag_1_vJY --> MT
[30] tag_-1_vC wordtag_1_向/p --> MT
[31] tag_-1_v tag_1_dB tag_2_dN tag_3_v --> MT
[32] tag_-1_v tag_1_d tag_2_iV --> MT
[33] tag_-1_p tag_1_aD tag_2_v --> MT

[34] tag_-2_v wordtag_-1_了/u tag_1_" --> MT
[35] tag_-1_v tag_1_f --> MT
[36] tag_-1_vC wordtag_1_与/p --> MT
[37] tag_-1_而且/c tag_1_v --> MT
[38] tag_-100_Begin wordtag_1_为了/p --> MT
[39] tag_-100_Begin wordtag_1_所/u tag_2_v --> MT
[40] tag_-1_vC tag_1_v wordtag_2_的/u tag_3_, --> MT
[41] tag_-1_vB tag_1_f --> MT
[42] tag_-1_v wordtag_1_所/u tag_2_v --> MT
[43] tag_-1_v tag_1_, tag_2_vC --> MT
[44] tag_-1_vB tag_1_v --> MT
[45] tag_-1_, tag_1_d tag_2_vC --> MT
[46] tag_-1_vC wordtag_1_一般/u wordtag_2_的/u --> MT
[47] tag_-1_vC wordtag_1_般/u wordtag_2_的/u --> MT
[48] tag_-2_v wordtag_-1_了/u tag_1_v --> MT
[49] tag_-1_vC wordtag_1_所/u tag_2_v --> MT
[50] tag_-1_, wordtag_1_所/u tag_2_v --> MT
[51] tag_-1_-100 wordtag_1_所/u tag_2_v --> MT
[52] tag_-2_v wordtag_-1_了/u wordtag_1_所/u tag_2_v --> MT
[53] tag_-1_v tag_1_c tag_2_v --> MT
[54] tag_-1_v tag_1_vM tag_1_v --> MT
[55] tag_-1_vC tag_1_vM tag_1_v --> MT
[56] tag_-1_vC tag_1_d tag_2_dN tag_3_v --> MT
[57] tag_-1_v tag_1_d tag_2_dN tag_3_v --> MT
[58] tag_-1_vC wordtag_1_和/p --> MT
[59] tag_-1_p wordtag_1_一般/u wordtag_2_的/u --> MT
[60] tag_-1_p wordtag_1_一样/u wordtag_2_的/u --> MT
[61] tag_-2_v wordtag_-1_着/u wordtag_1_似的/u --> MT
[62] tag_-2_v wordtag_-1_着/u wordtag_1_一样/u --> MT
[63] tag_-1_v wordtag_-1_过/u tag_1_在/p --> MT

223